知れば知るほど泣ける
田中角栄

別冊宝島編集部 編

まえがき

貧しい生まれから一国の宰相にまで立身出世し、日中国交正常化を成し遂げた政治家・田中角栄。昭和を代表する日本人として、国民にいまなお絶大な人気を誇る「今太閤（いまたいこう）」は1993年、75歳で世を去った。2023年は没後30年という節目の年にあたる。

政界に数々の伝説を残した田中角栄は晩年、しみじみこう語っていたという。

「地元の支援者ほどありがたいものはない。日頃何も言わない人が、最後まで残ってくれた。私の宝だ」

ロッキード事件で被告の身になってから、落選を恐れた多くの政治家が手のひらを返すように、角栄のもとを去っていった。

だが、地元・新潟の名もなき農家の人々は「お体にお気をつけて」とだけ言い残し、選挙になれば「角栄」と書いた。

角栄は1985年、脳梗塞に倒れた。次期総選挙への不出馬と政界引退を表明したのは1989年10月のことである。

その年の12月、引退の挨拶のため新潟県刈羽郡西山町に「お国入り」した角栄を待ち受けていたものは、約800人もの地元の支持者たちの姿だった。

決して忘れることのできない懐かしい面々――どんなことがあっても自分を支え、政治家としての最期を見届けてくれる人々が、まだこんなにいる。

かつてのように熱弁をふるうことができなくなっていた角栄であったが、その目には涙が滲み、やがて顔をゆがめて嗚咽した。それは「情の政治」を体現し続けた角栄の引き際にふさわしいシーンであった。

リアリストでありながら、生涯、義理と人情を重んじた田中角栄の生きざまは、現代に生きる日本人の心にも深く突き刺さる重みがある。

本書で紹介する角栄にまつわる数々の逸話と関係者たちの証言から、日本人が大切にしてきた価値と「人間愛」を感じ取っていただければ幸いである。

別冊宝島編集部

知れば知るほど泣ける田中角栄 ― 目次

まえがき ― 2

1章 涙

角栄50の物語1 早坂茂三秘書の涙 ― 10
角栄50の物語2 ある女優の決意 ― 14
角栄50の物語3 ロッキード法廷と総理の涙 ― 18
角栄50の物語4 いま輝いている人ではなく ― 22
角栄50の物語5 雪国の選挙戦 ― 26
角栄50の物語6 スキャンダルの「巻物」 ― 30
角栄50の物語7 「選挙資金」の話 ― 34
角栄50の物語8 本会議開会のベル ― 38
角栄50の物語9 ブラウン管のなかの息子 ― 42
角栄50の物語10 「正妻」の生きざま ― 46

2章 愛

角栄50の物語11 「テーソク」との友情 52
角栄50の物語12 「角福戦争」の深奥 56
角栄50の物語13 歌が好きになったわけ 60
角栄50の物語14 最初に井戸を掘った人 64
角栄50の物語15 2度届けられる花 68
角栄50の物語16 砂煙のなかの総理 72
角栄50の物語17 特ダネを逃した記者の幸福 76
角栄50の物語18 検事とハンカチ 80
角栄50の物語19 「運命」と職業について 84
角栄50の物語20 ソ連と熊とブレジネフ 88
私と田中角栄① 元秘書官が回想する『日本列島改造論』 小長啓一(田中角栄元秘書官) 92

3章 心

角栄50の物語21 鯛とイワシ 106
角栄50の物語22 ある老婆の陳情 110
角栄50の物語23 石破二朗との約束 114
角栄50の物語24 いちばん悪い政治家とは 118
角栄50の物語25 「真実の愛」に気づくまで 122
角栄50の物語26 生きたカネの渡し方 126
角栄50の物語27 さっきは怒ってすまん 130
角栄50の物語28 本質は平易な言葉に宿る 134
角栄50の物語29 竹入義勝との友情 138
角栄50の物語30 天が落ちてくることはない 142

4章 情

角栄50の物語31 オナラして「失敬」 148
角栄50の物語32 竹下登の涙 152
角栄50の物語33 草木の1本にいたるまで 156
角栄50の物語34 真打ちの扇子 160
角栄50の物語35 「フジ三太郎」の質問 164
角栄50の物語36 官僚に働いてもらうには 168
角栄50の物語37 NHK記者が助かった話 172
角栄50の物語38 趣味は田中角栄 176
角栄50の物語39 オレには何もない 180
角栄50の物語40 本当に役立つもの 184
私と田中角栄② 法廷で見た田中角栄の「殺気」 堀田力(元東京地検特捜部検事) 188

5章　志

角栄50の物語41　飛び上がった鯉　202
角栄50の物語42　娘が見せた「愛」　206
角栄50の物語43　危ない橋を渡るとき　210
角栄50の物語44　戦争体験と非戦主義　214
角栄50の物語45　「文化勲章」と昭和天皇　218
角栄50の物語46　オールドパー物語　222
角栄50の物語47　「五五の角」　226
角栄50の物語48　角栄を追ったカメラマン　230
角栄50の物語49　李香蘭との電話　234
角栄50の物語50　心に残る伝説の弔辞　238

戦後最大の宰相 田中角栄年譜　242
主要参考文献　254

角栄50の物語

1章

角栄50の物語

1 早坂茂三秘書の涙

田中角栄の政策秘書をつとめた早坂茂三（2004年死去）。『東京タイムズ』記者から政界に転じ、およそ23年間にわたり、田中事務所のスポークスマンとして活躍した人物である。

世に語り伝えられる田中角栄像には、側近中の側近であった早坂によって形作られたものが多い。早坂は有能な政治家秘書であると同時に、新聞記者ならではの「人間観察力」を持ち合わせていた「オヤジの語り部」でもあった。

1985年、田中角栄が脳梗塞に倒れると、治療方針や今後の事務所の運営方針をめぐり長女・眞紀子と対立した早坂は、「越山会の女王」と呼ばれた佐藤昭子とともに田中事務所を解雇され、角栄から遠ざけられた。

「金権政治」「ロッキード疑惑」で批判を浴び続けた田中角栄を支え続けた早

坂にとって、それは人生における最大の蹉跌であったかもしれない。

角栄の死後、早坂は独立。赤坂に事務所を構え、政治評論家としての仕事を開始する。「角の傘」に守られていた時代とは違い、腕一本で生きていかなければならなくなったわけだが、幸い角栄関連の評伝、エッセイは好評を博し、早坂は売れっ子の作家となった。

そんなある日のこと、早坂のもとへ旧知の報道写真家、山本皓一がやってきた。

80年代前半の田中角栄に密着し、1985年には『田中角栄全記録』（集英社）という写真集を上梓している山本は、すでに早坂と懇意の間柄である。

山本は早坂にこう言った。

「先日、新潟を取材してきました。角さんの妹さんの幸子さんにもお会いしてお話をうかがうことができました」

「オヤジ」から遠ざけられて時間が経っていた早坂は、身を乗り出すようにこう聞いた。

「幸子さんとは、どんな話を?」

「早坂さんが赤坂に事務所を開いたことは知っておられました。角さんもご存じだということですよ」

「そうか、それはよかった」

ほっとした表情を見せた早坂に対し、山本はこう続けた。

「幸子さんから聞いた話ですが、早坂さんが新しく事務所を開いたと知ったとき、角さんは涙を流してこう言ったそうですよ。〝あいつもかわいそうな奴だ――〟と」

それを聞いた早坂は、しばらく言葉に詰まり、やがて顔を両手で覆った。そしてイスから立ち上がると、大きな体を震わせて、人目をはばからず号泣したのである。

できれば、最後までオヤジに仕えていたかった。しかし、それは許されなかった。田中事務所と袂を分かったのは、そうするよりほかなかった苦渋の選択だった。

だが、オヤジはそれを分かってくれている――23年間、角栄に伴走した早坂は、そのひと言だけですべてを理解したのである。

角栄は脳梗塞に倒れた翌年の１９８６年、長く政務担当秘書をつとめた榎本敏夫とも約2年ぶりに目白の私邸で再会している。ともにロッキード事件の被告という身であったが、角栄と榎本は無言で手を握り合い、角栄の目から一筋の涙が落ちると、榎本も泣いた。角栄が、長年仕えた秘書たちに注いだ愛情が垣間見えるエピソードである。

早坂はその後も「人間・田中角栄」の生き方、考え方を世に流布（るふ）する伝道師として活躍した。

１９９３年、角栄が死去した際、講演先の秋田から目白へ駆けつけた早坂であったが、邸内に立ち入ることは拒まれた。しかし、同時代を生きた２人の絆は最後まで切れてはいなかった。

早坂は２００４年、肺がんのため73歳の生涯を閉じた。いまは天国の「オヤジ」に仕えている。

角栄50の物語 2

ある女優の決意

女優・宮城まり子が障害を持つ子どもたちの養護施設「ねむの木学園」を設立したのは1968年のことである。

いまでこそ広く認められている障害を持つ子の「教育を受ける権利」だが、当時はまだ学習環境の整備が進んでおらず、たとえ本人や保護者が学校教育を受けることを希望しても、障害を持つ子の入学は認められないという実態があった。

そんな状況に対し「知的障害のある子も教育を受けるのが本当である」と考えた宮城は、当時の厚生省の認可を取り付け、12人の子どもたちで前述の「ねむの木学園」をスタートさせたのだった。

しかし、徒手空拳（としゅくうけん）で始めた学園運営は数年後、すぐ壁にぶつかった。

当時、日本の養護施設で教育のための予算がつけられていたのは小・中学校の年齢の子どもまでであって、高校進学のための費用は認められていなかった。

このままでは、中学を卒業する年齢になった子どもたちが路頭に迷ってしまう。悩んだすえ、意を決した宮城は官邸に直接、電話をした。ときは1972年9月。総理大臣は就任間もない田中角栄である。

「宮城まり子です。総理大臣にお会いしてお話ししたいことがあるのですが……」

1950年代から60年代にかけ、NHK紅白歌合戦に8度も出場したことのある有名歌手が電話をかけてきたことに驚いた秘書官は、こう応対した。

「いまから30分後、官邸にいらしてください。ただ時間は取れません。10分ほどです」

宮城は官邸へ駆けつけ、部屋に入ってきた角栄に切々と語った。

「田中さん。あなたは総理大臣ですから、なんでも知らなくてはなりません」

角栄は姿勢を正して質問をした。

「どんなことかね」

「日本では両親がいなかったり、貧しくて生活できない子の面倒をみているところを養護施設と言います。そこにはすばらしい頭脳を持った子もいます」

いつもはせっかちな角栄だが、黙って話を聞いている。

「そこに高校進学の予算をつけていただきたいのです。おやつも……1カ月でリンゴ1個分ぐらいですって。どんなに頭が良くても中学から大学へは行けません。日本が豊かになってきているのだから、どうか予算をいただけないでしょうか」

宮城の頬に涙が伝った。

「……そうかね。そんなことがあるのかね」

「はい」

「私は知らなかった。そういうことまで耳に入らなかった。知ってなくちゃいけないね」

「はい」

「いますぐ返事をしたいが、それは無理なので正月すぎまで待ってほしい。必ず返事をしましょう」

翌年（1973年）1月、宮城は二階堂進官房長官に呼ばれた。

「遅くなりましたが、このたび日本中のすべての養護施設の子が高校教育を受ける予算がつきました」

宮城の脳裏に、4ヵ月前に会った角栄の顔が浮かんだ。尋常高等小学校卒という学歴ながら、一国の宰相に登りつめた角栄は、誰よりも「教育」の大切さを訴え続けた政治家だった。その政治信念に通底しているものは「弱者への眼差し」である。

宮城まり子は2020年に悪性リンパ腫のため93歳で亡くなられたが、彼女が設立した「ねむの木学園」はその後も歴史を刻み、2023年春で55周年を迎えている。

角栄50の物語 3

ロッキード法廷と総理の涙

田中角栄の晩年に大きな影を落とすことになったロッキード事件。１９７６年に逮捕・起訴されて以降、１９９３年に死去するまで角栄は「刑事被告人」の肩書きから自由になることができなかった。

裁判では徹底抗戦を宣言し、最後まで無罪を主張した角栄。しかし、公判においてもその「人情家」ぶりは変わらなかった。

事件が発覚した１９７６年の7月、東京地検は総合商社丸紅の前専務、元会長らを逮捕。さらに同社の課長らが証拠隠滅容疑で逮捕された。

丸紅とロッキード社の間における現金授受容疑（いわゆる「丸紅ルート」）について、それを隠蔽するために、課長は社有車の運転日報を改ざんしたり、役員行動表の廃棄にかかわったとされたのである。

後にこの課長はロッキード裁判における証人として法廷に立った。そして逮捕時のことについてこう語ったのである。

「その日（逮捕された日）は私の誕生日でした。子どもたちが私の誕生日を祝ってくれることになっていて、私の帰りを待ちわびておりました。しかし突然逮捕されたことにより私は帰宅できず、当然ながらお祝いは中止となりました。あの日はただ、何も知らない子どもたちに申し訳ないことをしてしまい、いたたまれぬ思いでおりました……」

そのとき、角栄の弁護を担当していた木村喜助弁護士は、角栄の「異変」に気づいた。

後ろ姿からもはっきり分かるほど、元総理は泣いていた。

角栄の突然の涙に傍聴者は驚き、法廷内は沈痛な空気に包まれた。

公判ではいつも闘志満々の「戦闘モード」だった角栄だが、自身の事件で、罪のない子どもたちに悲しい思いをさせてしまったことについては、慚愧（ざんき）に堪えない思いにいたったのであろう。

角栄には息子がいた。妻・はなとの間に生まれた長男・正法（まさのり）は、角栄の跡を継ぐべき存在だったが１９４７年、５歳のときに夭折（ようせつ）している。角栄が跡継ぎとして期待していた息子がもしいまも生きていたら、日本の戦後政治史は大きく変わっていたかもしれない。

小沢一郎や山東昭子など、１９４２年生まれの政治家はみな、角栄と最初に話したとき、こういう言葉をかけられている。

「君は昭和17年生まれなのか。息子と同じ年だなあ……」

仕事でどんなに過酷な修羅場を迎えても、家族愛を人間の原点に置き続けた角栄にとって、子どもとは最大の宝であり、守るべき日本の共有財産だった。

丸紅の課長は自ら進んで証拠隠滅に関与したわけではなく、会社を守るために上層部から指示され、それに従ったに過ぎないことは誰の目にも明らかだった。

それだけに、角栄の脳裏には帰らぬ父を悲しげに待ち続ける子どもたちの姿が浮かび、頭から離れなかったのだろう。

ロッキード事件で被告となった角栄は、少なくとも倒れるまでの約10年間、メディアから激しい批判を浴び続けた。そのバッシングの総量は、間違いなく歴代宰相のなかでもトップであっただろう。しかし、角栄は特定のメディアを公式の場で批判したり、個別に反論することはしなかった。総理大臣という職業の名誉を守るという意識からである。

木村弁護士は後に、角栄にこう聞いたことがある。

「事件について目にあまる名誉毀損報道がある。告訴しないのですか」

すると角栄は毅然とした様子でこう答えたという。

「私は元総理大臣ですから、自分から日本国民を罪におとすようなことは一切いたしません」

角栄50の物語

4 いま輝いている人ではなく

昭和の政治記者たちは、政治家をしばしば符丁で呼び合った。「大磯」といえば吉田茂。「信濃町」は池田勇人。「淡島」は佐藤栄作――そして田中角栄の場合は「目白」である。

2575坪（当時）あった広大な「目白御殿」がもっとも賑わう日、それは正月の三が日である。

田中派の議員を筆頭に、政財界の要人たちが軒並み顔を揃え、派閥の領袖（りょうしゅう）である角栄に「新年の挨拶」をしにやってくる。その数は数千人と言われ、それはまさに「目白」が権力の象徴であった時代の伝説である。

1970年代のある正月、山東昭子・参議院議員が恒例の「目白詣で」にやってきたときのこと。

タレント・女優として活躍していた山東を政界に勧誘し、１９７４年の参院選で初当選（当時32歳）させたのが田中角栄であったことは有名な話である。

「オイッ！　山東君」

その日の主役である角栄が、山東の姿を見て呼び止めた。

山東がそばに駆け寄ると、ウイスキーを片手に持った角栄がダミ声でこう言った。

「君はまだ若いから知らないと思うけどな。ここにいる彼は建設省ＯＢの高橋君と言ってだな。スゴい男なんだぞ」

角栄の横には、地味な姿をした男性が、控えめな様子で立っている。

元官僚とのことだが、世代の違う山東とはまったく面識がなかった。

しかし、角栄はＯＢ官僚の肩を叩いてこう言った。

「あんときは徹夜して、一緒に法律をつくったよなあ！」

恐縮するＯＢ官僚だったが、若き日に角栄とともに重要な仕事をした人物だと分かると、周囲の人々はたちまち尊敬の目で彼を見るようになるのだった。

山東は、自然なふるまいから出る角栄の他人への気遣いを目の当たりにして、その人間力に「凄み」すら感じたという。

その場にいた人間は、いままさに日本を動かしているような政財界の実力者ばかり。すでに退官した官僚は、何も言われなければ誰にも注目されない、目立たない存在だった。

だが角栄はあえて「いま輝いている人」ではなく、リタイアした官僚に声をかけ、大勢の人がいる前でその仕事ぶりをねぎらい、称賛する。

それも計算ずくではなく、心からそうしたくて行動に移すところが角栄の流儀であり、多くの人々の心をひきつけるゆえんでもあった。

昭和の官僚は、ほぼ全員が東京大学を上位の成績で卒業したトップエリートであり、角栄とは学歴も育ち方もまるで違う。そうしたキャリア官僚たちが、こぞって角栄に魅せられ、仕えることに誇りを持った。

それは角栄が、黒子となって日本を動かす官僚たちへの敬意を意識して表明することを忘れなかったからであろう。官僚は、金銭的な見返りよりも仕事のやりがいを求める人種であることを、角栄は熟知していた。

叩き上げの党人政治家である角栄は、どんな立場の人間に対しても接する態度を変えなかった。

「手柄はすべて連中に与えてやればいい。ドロは当方がかぶる。名指しで批判はするな。叱るときはサシのときにしろ。ほめるときは大勢の前でほめてやれ」

公平に接し、最後の責任は自分が取る――簡単なようで、実際には難しいことである。角栄がそれを体現できたのは、それが頭で考えた「官僚操縦術」ではなく、自身の生きざまから学び、血肉となった信念であったからに他ならない。

角栄50の物語

5 雪国の選挙戦

ロッキード事件で被告人となりながら、なぜ、角栄は地元の選挙で圧倒的な人気を保ち続けたのか。

そんな疑問に対し、角栄の地盤であった新潟3区に住む人々の答えは明快だった。

「いねしょには分からん」

「ひと冬過ごせばわかるこっつぉ」

地元に住んでいない「いねしょ」には、雪国の暮らしが分からない。

夏場にメディアで「角栄道路」として紹介される広い道路は、しばしば利益誘導の象徴として批判的に紹介される。だがいったん冬になれば、道の両側に雪の崖が出現し、やっと車が対向できるだけの細い道になる。しかしそれは決して報道されることがないのである。

1983年12月、作家・野坂昭如は第37回衆院選に無所属で立候補した。野坂は同年6月の参院選で初当選（比例区、第二院クラブ）していたが10月、角栄に対する有罪判決（ロッキード裁判一審判決＝懲役4年、追徴金5億円）が出て衆議院が解散となったことを機に参議院議員を辞職。「金権打倒」をスローガンに、同じ新潟3区から打って出たのである。

野坂の父、野坂相如（すけゆき）は戦後、新潟県副知事をつとめた元内務官僚だった。しかし、野坂自身は高校時代のごく一時期に新潟に住んだことがあるだけである。「田中批判」の急先鋒としてメディアに登場していた直木賞作家の野坂には多くの支持者が集まった。ポスター写真の撮影は篠山紀信。「日本中が新潟を見てる。5万票をノサカに」というコピーは糸井重里氏が考案し、人気女優の吉永小百合、作家の田辺聖子も応援に入った。

だが、実際に選挙戦が始まってみると、苦戦の連続であった。

冬の新潟はいつも雪。慣れない雪道に、土地勘のない野坂陣営は立ち往生を繰り返し、演説すら満足にできない状態が続いていた。

それを見た角栄は、秘書の早坂茂三を呼んだ。

「あいつのオヤジは新潟の副知事だったが、息子は雪国の怖さを知らない極楽トンボだ。風邪をひくから靴下、手袋、長靴、ももひきを差し入れてやれ」

選挙中にもかかわらず、野坂の事務所には越山会から衣類が届けられた。それだけではない。早坂は野坂にこんなアドバイスまでした。

「君は旧新潟高校出身だろう。その線は辿ったほうがいい」

敵陣営からの思わぬアドバイスに野坂は呆然とした表情を浮かべたという。

選挙の結果、有罪判決直後の角栄は22万7６１票を獲得しトップ当選。野坂はわずか２万８０４５票にとどまり、落選した。

金権批判や政治倫理の確立はよいとして、では政治家として野坂に何ができるのか。

雪国のつらさを解消しようと、これまで30年以上、角栄は働いてきた。言われるような金権政治があったとしても、その頑張りに対して裏切ることはできない――地元有権者たちの「審判」には、どっしりとしたリアリティがあった。

落選後、野坂は角栄と会っている。角栄は選挙戦をねぎらい、こう声をかけた。

「もう一度出ても落ちる。だが、その次にまた出れば、必ず当選する」

しかし、野坂が新潟から選挙に出たのはこれが最後だった。作家に戻った野坂は、周囲にこう語っていた。

「角栄と政治をテーマにした小説を書きたい」

野坂は角栄が死去した10年後の２００３年に脳梗塞を発症。小説の構想は実現しないまま、２０１５年に他界している。

角栄50の物語

6 スキャンダルの「巻物」

総理大臣だった角栄が失脚する直接のきっかけとなったのは、月刊誌『文藝春秋』1974年11月号に掲載された特集記事であった。

具体的には、ジャーナリスト・立花隆による「田中角栄研究　その金脈と人脈」、そして児玉隆也による「淋しき越山会の女王」である。

立花の記事は、角栄の政治がいかにカネまみれであるかを綿密な裏付け調査によって解き明かした調査報道であり、児玉の記事は、長年角栄の側近として仕える女性・佐藤昭子の「権力」と謎に包まれた角栄との関係性に迫るものだった。

この記事が出てから、外国メディアによる政治資金問題追及が始まり、それが国内の大手メディアに飛び火する形で「金脈」報道が激化。記事の発表から約２ヵ月後に内閣総辞職に追い込まれるのである。

当時、田中派の議員のなかには「オヤジは陥れられた」と憤慨する議員が多くいた。

ある日、若手議員だった羽田孜は初当選同期の小沢一郎にこう声をかけた。

「最近の田中批判は凄まじい。さすがのオヤジも参っているようだ。ちょっと目白に碁でも打ちに行って、励ましてやらないか」

無論、小沢に異論はない。私邸へやってきた２人はさっそく碁石を取り出すと、そこへ田中派議員の箕輪登がやってきた。

１９２４年生まれの箕輪は北海道帝国大学医学専門部出身の医師で、１９６２年より佐藤栄作の秘書兼主治医をつとめた人物。１９６７年の衆院選で自民党から立候補し初当選、１９７２年の佐藤派分裂後は田中派に所属し、田中内閣では防衛政務次官をつとめていた。

目白に乗り込んできた箕輪は、手に巻物のような資料を抱えていた。

角栄が聞いた。

「どうした？　なんだその巻物は」

箕輪が目を光らせて答えた。

「見てください。オヤジを悪く言っている奴らの本当のことがここに書いてあります」

羽田と小沢がその資料を見ると、田中角栄に批判的な議員たちのさまざまな「疑惑」がチャート図になって書かれている。

角栄はそれを眺めるなり「解説」を繰り出した。

「これは確かにこのとおりだな。ただ、この部分は違う。この話には外国が絡んでいたので、ちょっと誇張があるな……」

しばらくその資料を眺めていた角栄だったが、箕輪にこう聞いた。

「ところで、それをどうする気だ？」

「どうもこうもありません。表に出すんです。いま、オヤジだけが批判され、いじめられ、陥れられている。それならこっちも反撃しなければいけない。暴いてやります」

すると、角栄は羽田と小沢が驚くほど大きな声を出した。

「なに。何だって?」

その剣幕に箕輪がひるむと、角栄はこう続けた。

「よく聞け。確かにいろんなことがあった。だが、こんなものをバッと表に出したら、この国はめちゃくちゃになるぞ。犠牲は俺ひとりで十分だ。この巻物はしまっとけ!」

自分を思い、良かれと思って資料を持参した箕輪を逆に諫(いさ)めた角栄。卑怯な情報戦を嫌い、国を守ることの意味を説いた角栄の態度に、羽田と小沢は尊敬の念を抱いたという。

角栄50の物語 7

「選挙資金」の話

1971年6月の第9回参議院選挙。自民党候補として全国区から出馬していた青木一男は、現職ながら当落線上ギリギリという厳しい選挙戦を強いられていた。

1889年、長野県出身の青木は東京帝国大学法学部を卒業後、大蔵省に入省したエリート官僚だった。

戦前に貴族院議員となり、戦後、戦犯容疑者として収監されるが、公職追放解除後、参議院議員に当選（最初は吉田自由党から出馬、その後自民党）。1971年当時、81歳という高齢だった。

その青木陣営から、長野を地盤とする羽田孜のところに電話が入ったのは、選挙選も終盤にさしかかったときのことだった。

「どうしても選挙資金があと少し必要になった。何とかしてもらえないだろうか」

だが、当時新人議員だった羽田には集金力がない。羽田は角栄に電話をかけた。

「青木先生が困っています。選挙資金が枯渇したと……」

角栄は少し困ったような声でこう言った。

「党からのものは全部出している。しかし、あの人はカネの面は自分でやらんかもしれんなあ」

「どうしたらよいでしょうか」

電話越しに角栄が答えた。

「とにかく、俺のところに来い」

翌日、羽田が目白の私邸を訪れると、角栄は選挙戦に十分足りるだけの現金を用意していた。

「おい、これを青木に渡してこい。だが田中からのカネだなんて一切言わんでいい。お前が、自分でつくってきたカネだと言って渡すんだ」

羽田は驚いて言った。

「田中先生、お言葉ですが、それでは青木さんが当選しても、先生のところには来ないですよ」

青木は親台派議員として知られ、日中国交回復に激しく反発していた。もちろん、角栄とは異なる立場であり、これから政界の中枢で活躍する年齢でもない。

だが角栄は羽田に対しこう言い切った。

「バカ野郎。青木は日本の宝みたいな人なんだぞ。よし、お前はほかの人の応援は一切やらんでいいから青木をやれ」

そして、唖然とする羽田にこう畳みかけた。

「すぐこのカネを持っていけ！」

羽田は青木のもとへ現金を届けた。角栄の名前を一切出さずに――そして青木は当選50人中49番目（全国区）に滑り込みで当選。自らの当選に秘められた

「真実」を知ることなく他界した。

選挙の翌年、角栄は自民党総裁選に出馬したが、「青木の票を持ってこい」などと見返りを求めるようなことは一切なかったという。

後年、羽田は竹下登の「創政会」に参画した際、小沢一郎や梶山静六とともに目白の私邸を訪れている。

角栄は、自身に弓を引いた田中派の若手議員に対し失望と怒りを覚えていた。

「お前ら、早まったな」

面会を許した角栄に対し、羽田はこう言った。

「お言葉ですが、田中先生はいまの私の歳の何年後かに総理大臣をやっておられましたよ」

「いまとあの頃じゃ、寿命が違うだろう……だがな、お前ら、今日はよく来てくれた」

角栄はその後、竹下についた羽田のパーティーにも出席した。角栄が脳梗塞に倒れたのは、その2日後のことである。

角栄50の物語 8

本会議開会のベル

日本に学生運動の嵐が吹き荒れた1969年。全国各地で勃発する大学紛争をこのまま放置すれば、日本の教育は立ちいかなくなると考えた角栄(当時自民党幹事長)は、大学管理臨時措置法(大管法)の成立に着手した。

角栄は、学生運動というものについて、そのすべてを否定していたわけではない。

「女の尻を追いかけ回す連中より、彼らのほうが祖国の先行きを心配していて信頼できる。いまは経験が浅くて視野が狭いが、社会に出れば人生が一筋縄ではいかないことを知り、物事を判断する重心も低くなる」

だが同年の東大入試が中止となるに至り、これ以上の混乱が続けば、純粋に学問を志す学生とその家族に甚大な影響を与えると判断した角栄は、このタイミングで「荒療治」に出たのである。

「文部大臣は紛争が9カ月以上経過した場合、教育・研究の停止ができる」

「紛争大学の学長は副学長など補佐機関や審議、執行機関を設けることができる」

　紛争鎮火を狙いに、こうした骨子を盛り込んだ法案であったが、野党は「大学改革に名を借りた治安立法」と反発。衆議院での強行採決は牛歩戦術が繰り出される大荒れの展開となった。

　この法案に対しては、野党ばかりでなく、佐藤栄作首相や園田直（すなお）・国対委員長も「後ろ向き」だった。当時の佐藤政権は解散のタイミングを見極めており、再選を狙う佐藤首相は票を減らすリスクをなるべく小さくしておきたかった。

　しかし、角栄はこの法案を絶対に必要だとして譲らなかった。

「学校はゲバ棒で埋まっている。先生は教壇に立てない。勉強する気の学生は試験も受けられん。こんなようでは学生を子に持つ日本じゅうの親たちはどうなるんだ。自分たちの食うものも削って、倅（せがれ）や娘に仕送りしているんだぞ！」

やっと法案が衆議院で可決し、参議院に回されると本会議開催の運びとなった。

しかし、参議院議長の重宗雄三が、なかなか開始のベルを鳴らさない。

自民党の幹事長室にいた二階堂進（当時、副幹事長）が、〝異変〟を感じ取った。

「重宗はおかしいな」

佐藤首相に近い重宗議長が、その意を忖度（そんたく）してわざと開会を遅延させているのではないか――それをそばで聞いた角栄は激怒し、赤絨毯の廊下に飛び出した。

「おい、ジイさん！　なんでベルを鳴らさないんだ！」

参院議長室に飛び込んだ角栄は、血相を変えて怒鳴（どな）った。だが、「じらし戦術」を駆使する重宗議長も老獪（ろうかい）だ。

「角サン、あんたはカッカしているが、オヤジ（佐藤首相）は無理してやることはない、というハラじゃないのか。あんた、オヤジとちゃんと打ち合わせてやってるのか」

　すると角栄はこうぶちまけた。

「何言ってんだ、ジイさん。お前さんたちはもう子どもが全部できあがってるから、のん気なことを言ってられるんだ。大学に行きたいと思ってる学生たちと、その親たちはどうなるんだ。ジイさん、いいから早くベルを鳴らせ。でなきゃオレが許さん！」

　重宗は官房長官の保利茂に電話をかけた。

「角サンが何と言ってもやれと言っている」

　電話を切った重宗は、おもむろにベルを鳴らした。

　１９６９年８月３日、法案は可決し、全国の大学からバリケードが解かれていった。学生運動が、もはや大衆の共感と支持を得ていないことに角栄はいち早く気づいていた。

　同年12月、自民党は衆院選で大勝。角栄は総理のイスにまた一歩、近づくことになる。

角栄50の物語

9 ブラウン管のなかの息子

新潟の牛馬商の息子として生まれ、尋常高等小学校を卒業後、実社会に出た角栄。貧困の時代を生き抜いた家族との絆は深く、子ども時代に教え込まれた母・フメの教えは政治家・田中角栄の思想に色濃くその影を残している。

角栄の上には角一という兄がいたが夭折したため、角栄は実質的に長男として育つことになった。父・角次は当初「義高」か「角太郎」という名にしようと考えていたが、フメが「私の生まれた家の隣に〝角太郎〟という犬がいます」と反対。結局母の案である「角栄」と名付けられた。なお、角栄がもし女の子であっても「角栄」と名付け「すみえ」と読ませる算段であったという。

1934年、郷里を離れ上京する角栄に、フメはこう語っている。

「人にお金を貸したら、それは忘れなさい。悪いことをしないと食べていけなくなったら、いつでも帰ってくるんだよ」

フメは10円札を取り出すと角栄に渡した。

「男は腹巻きに必ず10円札1枚入れておきなさい。どこで事故があって死んでも無一文では笑われます」

角栄はこうして送り出されたのである。それは典型的な「明治の母」の愛情であった。

1966年に著した『私の履歴書』ではこう書いている。

「母はほんとうによく働いた。母の名は『フメ』と言う。母が生まれたとき親が『ヒメ』とつけ、村役場に届けたところ、村役場がまちがえて『フメ』にした。母は『フメでよかった。ヒメならたいへんなヒメだ』と笑っている。私が夜、目をさまして手洗いに行くと、母はいつも何か仕事をしていた」

1957年に戦後史上最年少（39歳）で閣僚（郵政大臣）となり、政治家として頭角を現したあとも、フメは「あんまりでけえことをいうでねえ」と角栄を諫めていたという。

角栄がライバル・福田赳夫と覇権を争った1972年の自民党総裁選。多くのテレビや新聞社のカメラマンは「角栄総理誕生」を見越し、新潟県・西山町の生家に詰めかけ母・フメを取り囲んでいた。

「田中角栄君、282票！」

ついに新潟県から初めてとなる一国の宰相が誕生した。周囲が「バンザイ」の手を挙げたが、息子の晴れ姿を見るフメの表情は、なぜか厳しさに満ちていた。

季節は7月。ブラウン管の向こうの角栄は、いつものように大汗を浮かべながら、しきりに扇子をあおいでいる。

すると、フメが立ち上がった。そして手にしたハンカチで、角栄が大映しになったテレビの画面を拭いたのである。沸き返る支援者のなかから、小さくすすり泣く声が漏れた。それは、この世にたったひとりしかいない母の特別な愛情だった。

角栄が総理大臣になってからも、フメはしばしば息子に電話をかけていたという。

「総理大臣がなんぼ偉かろうが、そんなこと関係しません。人の恩を忘れちゃならねえ」

角栄が総理辞任を発表した１９７４年11月26日の朝。目白の私邸で番記者たちとこんな会話があった。

「連絡されましたか」

「電話した」

一呼吸置いた角栄は、天を仰いでこう言った。

「母は、やっぱり母だな」

その目は潤んでいたという。角栄の母・フメは１９７８年、86歳で他界した。

角栄50の物語 10

「正妻」の生きざま

田中角栄を語るうえでもっとも重要な3人の女性がいる。

8歳年上の「糟糠(そうこう)の妻」であるはな夫人。田中事務所の金庫番で「越山会の女王」と呼ばれた柏崎出身の佐藤昭子。そして、神楽坂の花柳界に生き、角栄との間に2児をもうけた辻和子である。

すでに全員が鬼籍に入っているが、彼女たちにとって角栄は単なる政治家ではなく、家族であり、同時代を駆け抜けた「最愛の人」でもあった。

愛人や隠し子がいる政治家がどのように評価されるかは時代によって大きく異なるが、少なくとも角栄が総理大臣をつとめた時代は、政治家のプライベートな部分は取材しない、知っていても書かないというのが政治記者たちの不文律だった。

激務に追われる角栄を支え続けた女たち——その不思議な生態系が破綻せずに継続したのは、正妻であったはな夫人の器量と度量に負うところが大である。はな夫人は戦前、田中角栄が飯田橋に構えた「田中建築事務所」の家主の娘だった。

角栄は1942年、24歳のときに8歳年上のはなと結婚している。はなには9歳になる連れ子がいたが、角栄はその内面にある芯の強さを見抜き、一緒になることを望んだのだった。

角栄は結婚当時、はな夫人から「3つの誓い」をさせられた。

「一つ、出て行けと言わぬこと。二つ、足蹴(あしげ)にしないこと。三つ、将来、角栄が二重橋を渡るときは私を同伴すること。それ以外のことについては、どんなことがあっても耐えてついていきます」

まだ角栄が政治家になる前の話である。

「二重橋を渡る〜」という誓いの意味には諸説あるが、「いつも正妻として処遇すること」という解釈がなされることが多い。たとえ外で浮気をすることがあったとしても、愛人と本妻の立場が逆転することは許さない、というわけだ。

実際、角栄はその夫婦の契りを守った。そしてはな夫人は、決して自ら表に出ることはなく、ひたすら田中家を守り続けた。

角栄が神楽坂に「もうひとつの家庭」をつくっても、はな夫人はそれをことさら咎めず、辻和子との間の子どもを目白で引き取る話が出たときには「母親と子どもを引き離してはなりません」と主張し、養子入籍する形で田中姓を名乗らせたという逸話も残されている。

角栄がこれだけ大きな仕事を成し遂げられたのは、ひとえに田中を支える女性たちが、規格外のスケールを持った「政治家・田中角栄」の足を引っ張るようなことをしてはならないという「暗黙の了解」を忠実に守ってきたからであろう。

佐藤昭子と辻和子は、それぞれ生前に著書を残しており、特に辻和子は角栄との関係について、包み隠すことなくその生活を明かしている。また、認知はされていないものの、角栄と佐藤昭子の間に生まれた佐藤あつ子も、両親についての著書を上梓した。

佐藤昭子、辻和子に共通するのは、戦後最大の宰相と伴走した長い歳月のなかで、一度たりとも角栄に裏切られたという経験がない、という証言だ。

現代において、有力政治家の「不倫」は社会的にも容認されず、事実を知ったメディアがそれを黙殺するということはあり得ない。

しかし、女性たちの高貴な忠誠心に助けられた角栄の生涯は、正論を振りかざすことのある種の虚しさをわれわれに教えてくれる。

昭和の日本には、人間の欠点を愛し、その異能を高く評価する寛容さと包容力が残存していた。

「角栄のような政治家は、いまの時代にもう出てこない」――それが本当であるとすれば、何とも淋しい話である。

角栄50の物語

2章

角栄50の物語

11 「テーソク」との友情

苦手なものがあまりない角栄の、数少ない「弱点」のひとつに「ヘビ」がある。

1972年に自民党総裁選に立候補した際、角栄はテレビカメラの前でこんな話をした。

「俺は政界で誰にも負けようと思わないし、誰にも負けないという自信がある。しかし、政界に1人だけ、1対1で勝負したくないヤツがいる。それは山中貞則だ。何しろ奴は俺のいちばん嫌いな〝ヘビ〟を大好きだと言って食べるからな」

山中貞則は、ある意味田中角栄にもヒケを取らない「伝説」を持つ人物である。

角栄より3歳下の1921年、鹿児島県生まれ。1953年の衆院選で初当選し、以降当選回数は17回。永田町では「テーソク」と呼ばれた名物議員である。

税制に通じ「税調のドン」とも称されたが、1年生議員のときに、あの吉田茂に殴りかかろうとするなど、その「武勇伝」は数知れず。角栄をも凌駕する野武士議員として知られていた。

1973年、田中内閣で防衛庁長官をつとめていた増原恵吉が、いわゆる「内奏問題」で辞任に追い込まれるという事件が起きた。

昭和天皇に防衛問題を内奏（国政の報告）したとき、「近隣諸国に比べ自衛力がそんなに大きいとは思えない。国会でなぜ問題になっているのか」という陛下の言葉を新聞記者に紹介したことが、政治利用ではないかと問題視されたのである。

すぐに後任の防衛庁長官を決める必要に迫られた角栄は、増原が辞表を提出した1時間後、苦手のはずの山中の事務所に電話をかけ、官邸に呼び出した。

角栄はすぐに用件を切り出した。

「防衛庁長官として、入閣をお願いしたい」

「増原君が参議院だったのだから、まずは参議院から後任者を選びなさい」

「いないんだよ」

「では、田中派から選んだらよい」

「それもいない」

「じゃあ総裁選であなたを推した人たちのなかから選べばいいでしょう。私はあなたを支持していなかったんだから」

するを、角栄は巻紙のような横に長い紙を広げて見せた。

「これを見ろ」

そこには15名の政治家の名前が列記されていたが、山中以外の14名には、名前の上に墨で縦線が引かれていた。角栄は分かってくれよと言わんばかりの顔でこう言った。

「ここ2年ほどの間に防衛庁長官が4人も替わった。しかも、全部野党から詰め腹を切らされた。だから、野党がいくら首を切ろうとしても切れないヤツにしようってことだ」

「では、お引き受けする」

角栄が笑顔を見せた瞬間、山中はこう続けた。

「ただし条件がある。総理はもちろん、党の幹部も、次の改造で山中だけは留任させるという約束をしてもらいたい」

角栄は断言した。

「よし、防衛庁長官は専門職として、君だけは替えない。約束する」

こうして角栄は、それまで接点のなかった山中貞則を「味方」に引き入れたのである。

実際、角栄はその約束を守り、その後の内閣改造でも山中は二階堂進（官房長官）とともに留任した。たとえ考えを異にする政治家であっても、能力を評価できるならば臆することなく懐に飛び込み、自分の下で仕事をしてもらう。角栄のフェアな人間観を象徴するエピソードである。

角栄50の物語

12 「角福戦争」の深奥

1993年12月、田中角栄は75年の生涯を終えた。

東京・青山葬儀所で行われた田中家と自民党の合同葬には、かつて激しく権力の座を争った「角福戦争」のもう1人の主人公である福田赳夫が参列していた。

当時88歳と高齢の福田ではあったが、底冷えのする葬儀場に最後まで残り、故人の冥福を祈ったのである。

角栄は常々、福田との間に因縁はない、と説明し続けた。

「今日にいたるまでにさまざまなことがあったにせよ、福田君への怨念はないんだ」

角栄が勝利する場面のイメージが強い「角福戦争」だが、1973年に当時の愛知揆一蔵相が急死した際は、福田のジャブが角栄に入った。狂乱物価の抑制に苦慮していた田中内閣には、愛知揆一の代わりに経済を任せられる人間がいない。

角栄は福田に頭を下げ、蔵相就任を依頼した。福田はこう詰め寄った。

「1億総不動産屋になったこの状況を変えなければ日本はダメになる。列島改造の旗を降ろすこと。それから私のやり方に口出ししないこと。それが条件だ」

日本列島改造は角栄のキャッチフレーズ。普通ならプライドが許さない。しかし角栄は、一晩考えたうえで福田に言った。

「それでいい。経済の運営は全部任せる。だからやってくれ」

福田はそのときのことをこう振り返っている。

「さっぱりしている男だ。そういや、カク（角栄）はああ見えて、歌を歌うときにはとても優しい声を出すんだよなあ……」

角栄がロッキード事件で逮捕される前日の夜、角栄の秘書・早坂茂三は赤坂の料亭で福田と会っていた。もちろん福田から事件の話など一切出なかった。

翌朝、角栄は東京地検特捜部に任意同行を求められ、そのまま逮捕された。福田から早坂に電話があった。

「早坂君、俺は本当に何も知らなかった。だがこうなった以上、俺にできることがあったら何でも言ってくれ」

早坂はその言葉を信じなかった。逮捕の方針を知っていたくせに、前日夜には何食わぬ顔で福田は自分と会っていたのだ。それなのに、いまさら平然と電話をかけてくるとはいったいどういうことか。

「まだ角栄と私をコケになさいますか。ご心配無用に願います」

早坂は電話を切った。しかし、本当に福田が「角栄逮捕」を知らなかったことは、後に関係者の証言によって証明された。

1985年に角栄が倒れた後、早坂は田中事務所を辞し、赤坂に新しい事務所を開いた。1000人以上もの関係者に挨拶状を出したが、早坂に最初に返事をくれたのが、福田赳夫であったという。

「早ちゃん、頑張れよ――」

俺たちの商売は戦争みたいなものだ――それは生前の角栄が口にしていたことである。

確かに政争はあった。だが、2人は互いに個人的な怨念を持つことはなかった。角栄は、福田がいたからこそ妥協なき仕事を継続し、大きな成果を残すことができた。

もちろん福田も、角栄という存在をある部分では「かなわない存在」として認めていた。それが「角福戦争」の結論であろう。

角栄50の物語

13 歌が好きになったわけ

少年時代の田中角栄が「吃音（きつおん）」というハンディキャップを抱えていたことは、いまではよく知られている。

必要なときに限って、言葉が出てこない。角栄は一時期思い悩み、大きなコンプレックスを抱え、いまで言うところの「引きこもり」になったこともあった。そのことは、政治家になってから本人がさまざまなところで隠すことなく明かしている。

円滑に会話をするために、角栄少年は漢詩やお経、法律書などを手当たり次第に音読し、その「どもり」を克服しようとした。結果として、そのとき暗記した知識は、後に角栄の政治活動を大いに助けることになる。

1960年代、共同通信の松崎稔記者（後に同社常務理事）は、各界の著名人に「趣味」を語ってもらうという企画で、当時自民党の若き幹事長だった角栄を取材した。

「趣味の話ということで、ゴルフの話がいいんじゃないですか」

松崎がそう水を向けると、角栄は小考した後、「いや、歌だな」と切り出した。

「歌を歌っていると、どもらない。そのことに気づいたときから、私は歌が好きになったんだよ」

角栄は珍しくゆっくりと、これまでの人生において、どのような歌になぜ思い入れたのかを30分ほど語ってみせた。そのメモはほとんどそのまま原稿になるほど整理されたもので、インタビューの経験が豊富な松崎も驚いたという。あえて自身の吃音とその克服について語ってみせた角栄の体験談は、政治信条を貫く社会的弱者への眼差しが垣間見えるものだった。

後日、そのゲラを角栄の事務所に渡すと、松崎と同じく共同通信記者から角栄の秘書に転じていた麓（ふもと）邦明が感心したように言った。

「オヤジが褒めていた。なかなかよく書けている。原稿がうまいって」

「えっ？　あれはほとんど角さんの言ったとおりに書いただけですよ。こちらが感心したくらいなんです」

　すると麓が苦笑した。

「なんだ、それじゃあ自分で自分を褒めているんじゃないか」

　２人は思わず笑ったが、少年時代の苦悩を包み隠さず語り、歌を愛することへの思いを自ら説明した角栄の、ありのままの生き方は心に響くものがある。

　角栄は史上最年少で閣僚（郵政大臣）に就任した１９５７年、ＮＨＫで浪曲『天保水滸伝（てんぽうすいこでん）』を披露している。現職の大臣がテレビ番組に出演して歌うのは異例だが、角栄は事務所、クルマの中、酒の席でも歌を口ずさむことが多かった。

　森繁久彌の「知床旅情」、美空ひばりの「悲しい酒」……その歌声は、国民の前で演説するときのダミ声からは想像もつかない繊細な声色だったという。

　松崎はその後、田中角栄がもっとも信頼する記者、ブレーンのひとりとなり、その深い人間関係は角栄が死去するまで変わらなかった。

松崎は、1993年に刊行された『田中角栄回想録』（早坂茂三著、集英社文庫）の解説文のなかでこう書いている。

「田中が成し遂げた日中国交正常化は、冷戦下日米中の二等辺三角形をつくり上げ、アジアに平和と安定をもたらした。他に比べようがない平和への貢献である。政治家田中角栄は必ず見直される時が来る」

ロッキード事件により「金権政治家」のイメージが定着していた田中角栄に、再評価の機運が訪れると考えていた関係者は当時、ほとんどいなかった。だが、松崎の「予言」は四半世紀の時を経て、まさに的中することになる。

角栄50の物語 14

最初に井戸を掘った人

1985年、脳梗塞に倒れた角栄は、1993年に死去するまでの間、家族とごく限られた関係者、治療にかかわる医師以外、誰とも会うことはなかった。長年仕えた秘書たちも一部例外を除き面会することは許されず、角栄軍団の秘蔵っ子であった小沢一郎ですら、「空白の9年間」の間、一度も会うことができなかった。

そんななか、目白の私邸に招かれ、角栄と会った人物がいる。それが江沢民・元国家主席である。

1992年4月7日、当時中国共産党中央委員会の総書記として日本を訪問していた江沢民は、田中角栄の私邸を訪問した。面会は約15分。江総書記たっての希望から実現したサプライズだった。

現役時代に使っていた執務室で江沢民を迎えた角栄は、言葉にならない嗚咽を漏らし、涙を流した。不自由な右手はクッションの上に乗せたまま動かすことはできず、言葉も明瞭に話せない。しかし、その「感情」は損なわれていなかった。

江沢民は角栄の手を握ると、こう切り出した。

「中国では井戸を掘ってくれた人を大切にします。1972年の日中国交正常化は、田中先生のご尽力によるものでした。中国人は辛抱強く病気を治しますが、田中先生も体を治し、条件が整えば訪中してください。待っております」

日中国交正常化から20年。角栄はいま被告人となり、病魔とも闘っている。だが、あのときの仕事は間違っていなかった——人情家の角栄にとって、友人の訪問は何よりも幸福な瞬間であったに違いない。

同年8月、角栄の訪中が実現した。ロッキード事件以降初となる外遊は、最高裁判所の許可を得て実現したもので、角栄は眞紀子ら家族とともに懐かしい中国を訪問した。

すでに毛沢東、周恩来は死去している。しかし、出迎えた江沢民総書記、そしてかつての事務方メンバーたちから、角栄は熱烈な歓迎を受けたのだった。角栄の脳裏によぎったものは、掛け値なく「命がけ」だったあの困難な交渉だった。

多くの国会議員や右翼団体が、国交の正常化に反対していた。それはまさに命の危険と隣り合わせの仕事だった。

しかし、日本という国がこれから先進国の一員として歩んでいくために、近隣諸国との国交が断絶したままでは将来、必ず障害になる。

秘書の佐藤昭子に、角栄はこう漏らしていた。

「中国には命をかけて行く。俺は命は惜しくない。深夜、目を覚まして思うのは、常に国家国民のことだけだ。岸さんも言っていたが、この気持ちは総理経験者でなければ分からないものだ」

1972年に日中共同声明が発表され、署名のあとに当時の周恩来首相はこう述べた。

「これで中日の新しい1ページが始まりましたね」

するど、角栄はすかさずこう返した。

「今日はもう会議はない。さあ、大いに飲もう！」

それは間違いなく、政治家・田中角栄のハイライトシーンのひとつだった。不自由な身をかえりみず、20年ぶりに思い出の地を再訪した角栄の脳裏には、マオタイ酒の杯を高く掲げたあの鮮やかな場面が蘇っていたことだろう。

訪中の約束を果たした角栄は翌1993年、死去した。

現在、様々な対立をかかえつつも、中国が日本にとって、切っても切り離すことのできない経済面での「友人」であることは疑う余地がない。角栄の「伝説」はいまも生きているのである。

角栄50の物語 15

2度届けられる花

田中角栄の秘書を長くつとめた佐藤昭子は、角栄がいわゆる「冠婚葬祭」を大切にする人だという話が出ると、決まってこう答えた。

「オヤジは冠婚葬祭の人じゃないですよ。葬祭の人です。お祝いはいつでもできる。死んだ方は待ったなし。どんなことがあっても、自分とかかわりがあった方に対してはご冥福を祈る。私たちもこれを忘れると、〝お前たち、それで政治家の事務所が務まるのか！〟と怒られました」

角栄は、人の「死」について、とりわけ敏感である。

ロッキード裁判が世間の注目を集めていた1970年代、三木派の代議士、渋谷直蔵の夫人が若くして病没した。

旧内務官僚の渋谷は1960年に初当選。大平内閣では自治大臣・国家公安委員長をつとめたが、派閥を異にするため、角栄とは決して近しい関係ではなかった。

だが、角栄は訃報を聞くと同時に、渋谷の地元である福島に供花（くげ）を届けさせた。

その数日後、通夜と葬儀が執り行われることになった。夏の暑い日、渋谷の地元には見たこともない大きな生花（せいか）が新しく届けられた。

配達人が、送り主のメッセージを喪主の渋谷に見せた。差出人は田中角栄だった。

〈暑い季節、前に贈った花はしおれているでしょう。新しい花を届けます。どうか新しい花と代えてください。ご冥福をお祈りいたします〉

渋谷は思わず目頭に手を当てた。後に渋谷は、派閥幹部にこう語ったという。

「角さんのムラに鞍替（くらが）えしたいと思った。あれほど胸を打たれたことはない」

角栄にとって、政界のすべての人間は、敵と味方を超えた「戦友」だった。故人の冥福を祈るのは、義務やパフォーマンスではなく、心の底から湧き出る「悼み」の表出だったのである。

こんなこともあった。日本社会党の河上丈太郎元委員長が亡くなったとき、葬儀の日は涙雨が降った。故人の自宅は細い路地に面していたが、多くの人が傘をさしているため車が出入りできない。

それを見た角栄はじっと傘をささずにその場に立ち続けた。当然、喪服は雨に濡れて、やがてビショビショになった。それを見た参列者は次々に傘を閉じ、車が通れるようになった。後に、参列した江田三郎・社会党書記長はこう言った。

「どうして自民党が強いのか、よく分かった」

角栄と辻和子の間に生まれた田中京（きょう）の著書『絆』（扶桑社刊）には、著者がまだ子どもだったころのエピソードが紹介されている。

1960年、東京・日比谷公会堂において、社会党委員長だった浅沼稲次郎（あさぬまいねじろう）

が、17歳の右翼少年・山口二矢に刺殺されるという事件が起きた。

「浅沼刺される」の一報を、角栄は神楽坂で聞いた。

「大変だ。すぐに駆けつけなきゃいかん」

慌てて出かける支度をした父・角栄の姿を見て、京は不思議に思った。社会党と言えば、いつも自民党の「敵」と言われている集団だ。どうして慌てる必要があるのだろう。

「ねえ、どこに行くの。その人は敵なんじゃないの？」

すると、角栄は鬼のような表情を浮かべて言った。

「馬鹿野郎！　たとえ社会党であっても、日本を良くしようとする気持ちは同じなんだ。オレが駆けつけなくて、どうするんだ！」

実の子どもに対しても真剣に怒った角栄。そこに自身の人生観が秘められている。

角栄50の物語

16 砂煙のなかの総理

1974年の参議院選挙。投票日が7月7日だったことから「七夕選挙」と呼ばれたこの選挙は、第2次田中内閣の信任が問われる重要な選挙だった。

自民党は苦戦したが、最終的には追加公認で過半数を維持。新人議員が多く当選したのも特徴で、山東昭子や宮田輝をはじめ石破二朗、斎藤栄三郎、鳩山威一郎、糸山英太郎、山口淑子（李香蘭）といった面々が初当選を飾った。

このとき、福岡県選挙区から出馬し初当選を飾ったのが、有田一壽である。有田は1916年生まれ。東京帝国大学を卒業後、高校教師を経て地元の建設会社の社長をつとめていた。その他、ユニオン映画や日本クラウンといった企業の創設にもかかわった実業家である。

とはいえ、タレントのような知名度はない新人候補の有田にとって、頼みの綱は組織票と応援演説である。

投票日の数日前、ついに総理の角栄と橋本龍太郎・遊説部長（当時）が福岡入りした。

翌日、小倉駅前の広場には、角栄見たさに、なんと8000人もの聴衆が集結した。

「みなさんッ！　田中角栄ですッ。ここにいる有田君を、どうか政治の世界に送り出してください！　お願いしますッ！」

いつものように力強く演説した角栄。応援の効果はやはり絶大だった。

角栄は小倉から福岡に戻るべく、すぐさまヘリポートへ舞い戻った。

有田とその秘書は、支援者の輪を抜け出して、角栄に礼を言うべくその後を追った。だが、何度も聴衆に止められ、時間を食ってしまう。

ようやく鉄条網に囲まれたヘリポートに着いたとき、すでにヘリはエンジンをかけ、砂塵が舞い上がっている状態だった。

有田は鉄条網を手でつかみ、ヘリの爆音が響きわたるなか、大声で叫んだ。

「総理！　今日はありがとうございました！」

すると、有田の声に気づいた角栄が振り向いた。ヘリに乗り込もうとしていた56歳の角栄は、上着を脱ぐと、ワイシャツ姿で砂ぼこりのなかを走り始めた。

角栄は30メートルほど離れていた有田のもとに駆け寄り、鉄条網の間から自分の両手を差し出すと、有田の手をしっかりと握った。

「当選してこいよ。待ってるぞ」

それだけ言うと、角栄は再び後ろを向き、走り出した。やがて角栄を乗せたヘリは、次の目的地に消えていった。

ヘリが視界から消えたとき、有田は男女の秘書が、声をあげて泣いていることに気づいた。有田自身も、涙をこらえるのが精一杯であった。

選挙では「金権選挙」との批判もあった。しかし、角栄のなりふり構わぬ行動は、金権や人心掌握術といったものを超越していた。

誰が何と言おうと、これだけのことができる政治家はいない――それは角栄に接した者にしか分からない「真実」だった。百千の言説よりも、たったひとつの行動が、人の心を動かし、相手の信頼を得ることにつながる。角栄の武骨な実践主義は、圧倒的な説得力を持って支持者の輪を広げることにつながった。

選挙で当選した有田は、田中派に所属した。応援演説におけるたった一度のふるまいが、角栄のすべてを表していると、有田には信じられたからである。

角栄50の物語

17 特ダネを逃した記者の幸福

自民党の実力派幹事長として鳴らした角栄のもとには、無数の政治家希望者が「政界入り」への口利きを求め、面会にやってきた。角栄は「議員になりたい」というだけの面会者の本心をひと目で見抜き、「まず3万軒、歩いてこい。話はそれからだ」と突き放した。

「どんな発言をすればマスコミに気に入られるか。大きく書かれるかと考える人間がいる。こういうのがいちばん悪い。政治家としても大成しない」

角栄の言葉には、どんな仕事においても原点と信念と志が必要であるという、人間の「本筋」を重んじる気持ちが垣間見える。

1960年、産経新聞の政治部記者だった岡沢昭夫は自民党の担当になった。目白の田中邸を訪ねたが、書生に門前払いを食らった。だが、駆け出し記者だった岡沢は、塀を乗り越え書斎に忍び込んだ。見慣れない男が闖入しているのに驚いた角栄は、慌てて岡沢を追い返した。

3ヵ月後。岡沢は再び目白を訪問した。

「また来たか。何の用だ？」

「会っていただきたい。質問したら、ウソでもいい、返事をいただけないでしょうか」

「なんだ、そんなことでいいのか」

角栄は笑って言った。

「毎日来い。これからお前を教育してやる」

翌日から本当に毎日、目白にやってきた岡沢に、角栄はなぜ、自分が政治家になったのかを3ヵ月もの間、毎晩語り続けた。

ある日、角栄はこう聞いた。

「毎日来ているが、君は代議士になりたいのか」

「いえ、そんな気はありません、新聞記者が私の仕事です」

すると角栄はほっとしたような表情を浮かべた。

「それを聞いて安心した。人間1人、国会議員にするには大変なカネがかかる。人の懐を狙って議員になりたいがために来る新聞記者もいる。記者でいたいのはいいことだ」

角栄はその後、岡沢に、より本音を打ち明けるようになった。他社の記者たちがやってきて懇談が終わった後、夜中の2時ころに待ち構える。

1961年7月、角栄は岡沢にこう言った。

「俺は政調会長になる。幹事長は前尾繁三郎、総務会長は赤城宗徳だ」

角栄がホラ吹きでないことを確信していた岡沢は聞いた。

「書いてもいいですか」

「ああ、かまわん」

岡沢はすぐさま特ダネを持ち帰ったが、社の先輩記者たちは一笑に付した。

「43歳で政調会長？　あり得ない。田中は信用できんな」

記事はあえなくボツになった。しかし2日後、角栄は政調会長に就任。仲間に信じてもらえずスクープを逃した岡沢であったが、その株は大きく上がった。

「目白に特ダネなし」

そう言ったのは角栄本人である。特定の記者を重宝することなく、たとえ自分自身に批判的な記者であったとしても、基本的には分け隔てなく接した。

しかしその一方で、信念を持って仕事に打ち込み、努力を重ねる者には必ずそれを評価し、報いることがあった。どんな仕事であれ、近道というものはない。下積みと修行が評価されたときに、初めて人の上に立つ仕事ができるというのが、角栄の人生観である。

角栄50の物語 18

検事とハンカチ

2016年3月、野球賭博問題に揺れた読売ジャイアンツ（巨人）は、元東京地検特捜部長の松田昇をオーナー代行に起用する人事を発表した。松田は検事としてロッキード事件を担当。田中角栄が逮捕された当日、目白の私邸で任意同行を求めた人物としても知られている。

1976年7月27日早朝、松田は目白の私邸で角栄と対峙していた。すでに角栄は背広を着込み、「準備」をしていた。

「君が松田君か。ばかに早いね」

そして心配そうに見守る家族らにこう言った。

「うろたえるな。すぐに戻ってくるんだから」

そして松田に向かってたずねた。

「入省は何年かね」

「検事になって13年くらいです」

「おお、えらいもんだな」

その言葉には皮肉や嫌味は感じられなかった。

角栄は松田や事務官とともに東京地検旧庁舎に入り、5階にあった特捜部の取調室に入った。

「特捜部の捜査結果が100%有罪ということはよく承知している。でも、総理総裁だった私の言い分も聞いてほしい。5億円を受け取った覚えはありません」

これから東京拘置所へ向かう段取りになったとき、松田はトイレで角栄とハチ合わせした。用を足し、手を洗った角栄は、濡れた手を備え付けのトイレットペーパーで拭いた。

それを見た松田は、ハンカチを手渡した。

「オッ、どうも」

角栄はそれを受け取った。ハンカチは、「首相は汗かきだ。夏場には必ず必要だ」と聞かされた松田が、前日に地検の売店で購入していたものだった。

起訴された元首相は保釈前、取調べにあたった検事らにこう語ったという。

「検察に恨みはまったく持っていない。あんたの調べで不愉快な思いをしたことはない」

そして角栄は握手を求め、手を差し出した。

保釈後の9月はじめになって、角栄の秘書、早坂茂三が松田のもとへやってきた。

「議員からです」

中には洗濯されたハンカチと、直筆の礼状が入っていた。ハンカチは2枚あり、松田が貸したもののほかに、新しいものが1枚あった。松田は新しいハンカチの受け取りを固辞し、礼状を開封した。

「御高配いただき心からお礼申し上げます。いずれの日か御拝眉のおりお礼申し述べたいと存じます。ご自愛祈り上げて」

敵であるはずの人間にも、礼を尽くすことは忘れない。逸話はいつしか検察の内部に広まり、やがてロッキード事件にかかわった検事たちの間で「伝説」となった。

松田はいわゆる「児玉ルート」の担当で、角栄を取り調べることはなかったが、二審では東京高検特別公判部長として、角栄と相まみえる形となった。

結局、二審でも有罪判決は変わらなかったが、松田はこう振り返っている。

「人間くさい人だった。検察側と立場は違ったが、お互いをどこかで認め合っていた」

法廷では憤怒(ふんぬ)の表情で検察側に対する角栄が、いったん裁判所を出ると「人情のオヤジ」に変わる。当時を知る弁護士、元検事たちは一様にこう語っている。

「厳しい事件だったが、角さんの魅力は本物だった。できれば違う形でお会いしたかった」

角栄50の物語 19

「運命」と職業について

「一国の宰相にはなろうと思ってなれるもんじゃない。天が命じなければ、なることはできないんだ」

これは生前の角栄が常々語っていた宰相論である。

それは、濃密な人生体験を通じたひとつの結論であり、理屈や理論で人間の一生を総括することはできないという角栄の人生観でもある。

角栄はこうも言っている。

「私が政治家になったのも運命だと思う。天気が良いから川のほとりに釣りに来た。ところがあんまり気持ちがいいので、そのまま魚屋になってしまった。それと似たようなものである」

もっとも角栄は、その「運命」をその手につかむために、努力や根気、勉強といったものが大切になってくるとも言っている。

学歴も人脈もないところから「一寸先は闇」と言われる政界の頂点にのし上がった角栄にとって、目に見えない「運命」というものを信じることは、ときに自身を鼓舞（こぶ）し、ときに反省させ、ときに謙虚にさせる「エネルギーの源泉」であったのかもしれない。

角栄は、人との出会いを「運命」として大切にしてきた。

角栄にとって、長い人生のなかで一度でもすれ違った人間は、他人ではなく、特別な存在であると考えた。それは、角栄がどれだけ多くの人間に「人生の道筋」をつけたかを見れば瞭然である。

33年間もの間、角栄に秘書として仕えた佐藤昭子も、角栄と「運命」で結ばれた女性だった。

佐藤は角栄が脳梗塞で倒れた後、面会を許されず、事務所を解雇された。何年かした後、目白で角栄と会ったという人物が佐藤に告げた。

「角さんはあなたのことをよく覚えていますよ」

普通の会話はできなくなっていると聞いた角栄が、それでも私のことを覚えてくれている——佐藤は、たったそのひと言で、はらはらと涙を流したのだった。

角栄は病気に倒れるまで、毎年2月23日は必ず佐藤と2人きりで食事をした。それは佐藤が秘書になった1952年以降、1度も欠かさず繰り返された重要なセレモニーだった。

2月23日は、1944年に死去した佐藤の母の命日であり、そして角栄と佐藤が初めて出会った日でもあった。

1946年2月23日、衆院選に初出馬した角栄は、柏崎市で日用雑貨店を営む佐藤の家に立ち寄り、そこで佐藤の当時の婚約者が角栄の選挙演説を手伝ったことから2人の「運命」は始まった。

その後、佐藤と婚約者は結婚。婚約者は東京で角栄が経営する「田中土建工業」の下請け企業で働くことになるのだが、その会社が破綻し、やがて2人は離婚する。

失意の佐藤のもとへ、突然角栄が訪ねてきたのは、しばらく時が経過した後の1952年2月23日のことだった。

「離婚したと聞いた。なぜ相談してくれなかった？　俺の秘書をやってくれないか」

角栄はこうも語った。

「ここにきて誰もいなかったんで帰ろうとしたが、そこでボヤがあって通行止めになり、待っている間に君が帰ってきた。あと5分早く来ていたら、あるいはボヤがなかったら、君に会えなかった。今日は2月23日、君の亡くなったお母さんの命日だ。お母さんが君のことを心配しているのかもしれないな」

角栄の言葉にほだされ、佐藤は角栄の秘書になった。2人の出会いがなければ、政治家としての角栄はまったく違った道を歩んでいたことだろう。

角栄はその「出会い」を終生大切にし、何があっても佐藤を裏切ることはなかった。

角栄50の物語

20 ソ連と熊とブレジネフ

角栄の卓越した「胆力」が、日本国内のみならず、世界でもいかんなく発揮されたことは、数々の外交現場で証明されている。

総理時代の１９７３年10月、ソ連に外遊した角栄はブレジネフ書記長と北方領土問題について協議した。現職総理のソ連訪問は１９５６年の鳩山総理以来、戦後２度目のことだった。

「北方四島は日本人の故郷だ。そこで生まれ育った人たちのためにも、返還してもらいたい。歯舞(はぼまい)、色丹(しこたん)の２島返還ではダメだ。私がよくても国民は納得しない」

だが、ソ連側はのらりくらりと核心についての言及を避け、交渉は膠着状況に陥った。

歴代の政治家も事務方にも、ソ連と本格的に外交交渉をした人間は誰もいない。誰もが困難な状況を感じ取っていたとき、角栄はポケットから小さな紙包みを取り出した。

ブレジネフ書記長をはじめ、ソ連の要人たちも息を飲んでそれを見つめている。

角栄は紙包みのなかから黒い固形物を取り出すと、それを口に入れてコップの水で飲み干した。

「それは何ですか？」

思わずブレジネフが聞いた。角栄はこともなげに答えた。

「これは日本古来の万病の薬だ。熊の胆嚢を乾かした貴重品だ」

応答に窮したブレジネフはこう言った。

「わがソ連では、毎年熊が何千頭も取れるのですよ」

すると、すかさず角栄が言った。

「ありがたい。では、それを日本が買い取ろうじゃないか。これは平和な取引だ」

思わず一堂が爆笑し、場の空気は一気に和んだものになった。その後、角栄はソ連側に「北方領土返還問題」の存在を認めさせる言質をブレジネフから引き出している。

１９７２年、日中国交正常化の際も、角栄の妙技が冴え渡った。

中国側は、共同声明文に盛り込む日本側の、先の戦争に関する「お詫び」の文言が弱いと主張してきた。周恩来が角栄に言った。

「日本側の表現では、まるで道を通りかかった婦人に水がかかってしまい〝ごめんなさい〟と謝っているほどにしか感じられない」

角栄はこう答えた。

「親子代々、何十年も垣根争いで一寸の土地を争い、口もきかないような両隣の家もある……」

周恩来はその言葉を遮るように言った。

「あなたは中日間の戦争を〝垣根争い〟だと思っているのか」

「いや、垣根、寸土の争いは最大の争いだ。国家の争いは国境問題だ。それが中ソ7000キロにわたる国境の緊張ではないか」

下書きなしの本音で語り合った角栄と周恩来。ある種の感触を感じ取りながら、角栄と大平外相はいったんホテルに引き上げた。

大平が言った。

「このままじゃ帰れんなあ」

「こういうときになると、君らのような大学出のインテリはだめだな」

「じゃあ、どうしたらいい？」

角栄はニヤリと笑って言った。

「それは大学出が考えろ」

角栄の開き直りに、中国側も「少異を捨てて大同に就く」姿勢で歩み寄り、日中国交正常化は実現した。

私と田中角栄①

元秘書官が回想する『日本列島改造論』　小長啓一（田中角栄元秘書官）

小長啓一（こながけいいち）　1930年岡山県生まれ。岡山大学法文学部を卒業後、1953年通産省（現・経済産業省）入省。1971年、田中角栄通産相の大臣秘書官となり、日米繊維交渉や1972年6月に刊行された『日本列島改造論』の制作に携わる。同年、角栄が総理大臣に就任すると総理大臣秘書官に起用され、約3年半にわたり角栄に仕えた。1984年に通産省事務次官。退官後はアラビア石油社長、AOCホールディングス会長等を歴任。2007年より弁護士。

職員の心をつかんだ就任スピーチ

田中角栄さんが、第3次佐藤改造内閣の通商産業大臣に就任したのは1971年7月のことでした。

通産省の官僚だった私はこのとき、田中大臣の秘書官となり、そこから１９７４年12月の総理退陣まで、約３年半にわたり田中さんに秘書官として仕えることになりました。

田中さんの前の通産大臣は宮澤喜一さん（故人）でした。宮澤さんに仕えていた秘書官は昭和31年（１９５６年）入省。これはあとから聞いて知ったことですが、内閣改造で大臣の交代が予想されたとき、当時の人事担当者はこう考えていたのです。

「もし宮澤氏より政治キャリアが長い人が通産大臣になれば、入省年次が昭和31年より前の人、同格の人であれば昭和32年入省、短い人になればそれより若い人から秘書官を選ぶ」

結果的に宮澤さんより政治家としてのキャリアが長い田中さんが通産大臣に就任したことで、昭和28年（１９５３年）入省だった私が秘書官に任命されたというわけです。

「田中通産大臣」が決定した当日、私はさっそく官房長とともに官邸へ出向きました。

「通産省といたしましては、小長を秘書官に推薦したいと思います」

官房長がそういった趣旨の説明をすると、田中さんはすぐさまこう言いました。

「分かった。君らが決めたことに異存は一切ない。よろしく頼む」

すでに幹事長や大蔵大臣を歴任した大物政治家でしたから、後光が差すような迫力を感じましたね。

「コンピューター付きブルドーザー」と呼ばれた田中さんの活躍ぶりは、私も新聞やテレビを通じて知ってはいましたが、本人と直接、面と向かって話したのはこのときが初めてでした。

通産大臣に就任した田中さんは、職員を前にこんなスピーチをしました。

「私が郵政大臣に就任したときも、大蔵大臣になったときも、事務次官は私より年上でありました。私は東大を出ていないが、もし出ておれば昭和16年前期入省。そしてここ通産省の両角事務次官は昭和16年後期入省でありますから、やっと先輩面できるのであります」

　この第一声で、もう多くの職員が田中さんに魅了されてしまいました。官僚にとって入省年次というのは非常に大切なものですが、こういう場できっちり「君たちのことはよく知っているぞ」とアピールするための要点をしっかり押さえている。一度覚えたことは絶対に忘れない、記憶力抜群の人でした。

「雪はロマンの世界だよな」

　秘書官に就任して10日ほどたったころ、田中さんとこんな会話がありました。

「小長君、生まれはどこだ？」

「岡山県です」

「岡山か。岡山と言えば、雪はロマンの世界だよな」

　いきなりの話題に戸惑った私を見て、田中さんはさらに続けました。

「川端康成の『雪国』の世界、つまりトンネルを越えたら銀世界が広がっていて、それを窓外に愛でながら酒を酌み交わす……そんなイメージだろう」

「ええ……」

「だがな、俺にとって雪は生活との闘いなんだ」

当時の私には、その言葉がズッシリと響きました。

仕事に対する年季も違うし、心の入れ方が違うと感じたわけです。口にこそ出しませんでしたが、これは生半可な仕事をしていては、田中さんの秘書官はつとまらない。そう思いました。

私はすぐに田中さんが自民党都市政策調査会長時代に取りまとめた「都市政策大綱」（1968年発表）を読み、また過去に田中さんが議員立法でつくった数々の法律を頭に入れることから始めました。これが後に『日本列島改造論』の内容を固めるうえで大変役立つことになるのです。

日米繊維交渉がひと段落した1971年の暮れのこと、田中さんがこう言いました。

「俺はいままで国土改造の問題についてはいろんな場所で勉強を積んできた。

道路、河川、ダムについては建設省。鉄道、空港のことは運輸省。そして通産大臣になって、工業面から見た国土改造問題についてひととおり学ぶことができた。ちょうど代議士になって25年という節目も迎えることだし、ここらで、この問題に関する自分の考えを1冊の本としてまとめたいと思うが、協力してもらえるか」

もちろん、秘書官である私が反対する理由はありません。これが、田中さんの代表作である『日本列島改造論』が生まれる最初のきっかけとなりました。

個人的にも、田中さんの提案は興味深いテーマでした。

私は秘書官になる前に通産省で「立地指導課長」を2年間つとめまして、全国を飛び回り、その地域に適した産業を提案したり、農村地域に工業を導入する法律づくりに携わったこともありましたので、そのときに得た知識や経験が、何らかの形で役立てられるのではないかと思いました。

本を出すには出版社を決めなくてはいけない。政治家の本ですから日頃つきあいの深い新聞社から出したらいいのではないかという話になりましたが、田中さんは全国紙ではない「日刊工業新聞社」を指定しました。「チョーマイヨミ（朝毎読）では、出さなかったところが反・田中になる。日刊工業ならちょうど社長も新潟出身でよく知っているから、そこがいいだろう」

幸い、日刊工業新聞社も本の執筆作業に対応できる記者が準備できるとのことだったので、版元は問題なく決定しました。

ベストセラー『日本列島改造論』の完成

本作りは、田中さんがレクチャーするところから始まりました。チームは私を含め、通産省から若手中心に3、4名。それに日刊工業新聞社の記者が約10人。そこには後に作家「堺屋太一」として活躍する、池口小太郎さん（当時は通産官僚）もいました。

大臣室に集まったメンバーを前に、田中さんは6、7時間、ぶっ続けで話し続けました。それも1日ではなく4日間です。

「明治の人は偉かった。国が貧乏なのにもかかわらず、全国に鉄道網をはりめぐらせ、小学校をつくった」

「明治100年のいまは国土維新だ」

「全国を1日行動圏とするため、新幹線、高速道路、空港港湾、工業用地等のインフラの整備を進める」

「東京へ、東京へ、という人とモノとカネの流れを地方へ逆流させよう。同じ日本人だ。どこに住んでいても、一定以上の生活ができるようにしようじゃないか！」

あれは本当に名演説でした。そして、それまで「都市政策大綱」を読んで理解していたことが本当に役に立ちました。

田中さんのレクチャーを私がスケルトンにして各記者に割り振り、前書きと後書きは総理直筆。とはいえ実際には秘書の早坂茂三さんが口述筆記し、それを田中さんが推敲する形で1冊の本として完成させたのです。

私は秘書官として、「他省庁が協力してくれるか」ということを心配していました。田中さんが通産大臣として出す本ではありますが、その内容の性質上、通産省以外の省庁が協力してくれないと完全なものにはなりません。

私はそういうことにならないように、各省の局長に事前に連絡をしたのですが、結論を言えば、心配は杞憂でした。どの省の幹部も「角さんが本を出すのなら全面協力だ」と快く後押ししてくれました。

これは実際に中で働いた人間にしか分からないことかもしれないのですが、役人が他の役所の仕事に全面協力する、ということはあまりないことです。いかに田中さんが官僚たちに慕われ、人望があったかを示していると思います。

実際、1年はかかると思っていた作業ですが、1972年に入ってしばらくしたとき、二階堂進さん（田中内閣の官房長官）が私のもとへやってこられて、こう言いました。

「おい、すばらしいことをやっとるらしいな」

「ありがとうございます」

「本はいつ出るんだ？」

「もう少しかかりそうです」

「7月に間に合わんか」

　私はこのとき、田中さんが自民党総裁選に立候補する可能性があることを察知し、大幅にペースを上げて『日本列島改造論』の刊行を6月に間に合わせたのです。

　田中さんは1972年7月、ライバルの福田赳夫さんを破って総理大臣に就任しました。

　この『日本列島改造論』は最終的に91万部を超える大ベストセラーとなりましたが、この構想のコンセプト、そもそもの出発点は、新潟県出身政治家の郷土愛と、戦後の荒廃から立ち上がった日本のエネルギーを、国土の均衡ある発展に向けるという田中さんの政治信条にあったように思います。

「総理大臣秘書官を頼むぞ」

田中さんが通産大臣から総理大臣となったとき、やっと激務から解放されると正直、ほっとした気持ちもあったのですが、このときも田中さんが総理に指名された日に官邸からお呼びがかかりましてね。今度は官房長の付き添いもありませんでした。

1年間、行動をともにした関係でしたから、田中さんはいつも以上に単刀直入でした。

「君、（総理大臣）秘書官、頼むぞ。列島改造をやってくれ」

もう、当然のように言われましたので、そこで断るといった選択肢はありませんでしたね。「君、どうかね？」ではなくて「頼むぞ」ですからね。私も「分かりました」と答え、そのまま通産大臣秘書官から総理大臣秘書官となりました。

私は田中さんが総理大臣を辞任された後も、毎年、お正月には目白のご自宅を訪問し、近況を報告させていただきましたし、その度に励ましのお言葉をいただきました。

私が事務次官時代の1985年、田中さんは脳梗塞に倒れ、その後はお会いする機会を得ないまま田中さんは1993年に亡くなられました。

しかし、昨今の「角栄ブーム」を見るにつけ、私は改めて田中さんのスケールの大きさを痛感するとともに、傑出した政治リーダーの間近で仕事ができた幸運に感謝したい気持ちに駆られます。もう、あのようなタイプの政治家は出てこないのかもしれませんね。

（本稿初出：別冊宝島『田中角栄　心を打つ話』小社刊）

角栄50の物語

3章

角栄50の物語

21 鯛とイワシ

角栄の生き方はいつも本音で、虚飾がなく、見栄を張るということがなかった。

「人間が本当に喜ぶことは存分にやってやれ。だが、それ以外のことは必要ない」

角栄が地元で辻立ちの演説をすると、田畑の間から、仕事着のままの農家の人々が集まってきた。着飾ったような人間は誰ひとりとしていなかったが、そこには真の信頼があり、人間の絆があった。

1978年、角栄の母・フメが死去した。86歳の往生だった。

1回目の葬儀には、小さな町に4500人もの弔問客が訪れた。だが、ちょうど統一地方選挙と重なり、まだ出席できない人々がたくさんいる。

選挙後の５月、２回目の葬儀が執り行われた。東京からも田中派議員や新聞記者が多数、駆けつける。

「料理は粟島の鯛がいいね」

角栄の姉が提言した。佐渡の北にある粟島の近海で採れる鯛は、地元の名産品である。その昔、地元の貧しかった人々が「一度でいいすけ、オラも食いたい」と夢見たという高級魚だ。

だが、角栄はこう言った。

「鯛なんか毎日食ってる奴らだ。珍しくもない。そうだな、イワシがいい。あれの焼きたてはいまがいちばんうまい」

地元を知り尽くした角栄が、魚を指定した。姉が困った。

「イワシなんて、恥ずかしくてオラ、人前に持っていけねえ」

しかし、角栄の指示で粟島の鯛は却下された。

生家の広い裏庭に並べられたコンロ30台に、新鮮なイワシが並べられた。煙が天高くのぼり、東京からやってきた弔問客はみな目を丸くしている。

西村英一、二階堂進、金丸信、竹下登、山下元利、橋本龍太郎、小渕恵三、梶山静六、羽田孜、小沢一郎……田中軍団が勢揃いしたところで、角栄は上機嫌になった。

「どうだ。鯛よりうまいだろう」

その日鯛を食べていない面々にとってはよく分からなかったに違いないが、それでも大根おろしで食べるイワシの味は格別で、それは日々、謙虚に生きる姿勢を息子に説き続けた母の弔いにふさわしい光景であった。

角栄は生涯、新潟の郷土料理を好んだ。シャケやイワシ、地元の魚と具が山盛りの味噌汁。固く盛った御飯に真っ黒な色をした煮物。何にでも醤油をかけ、短時間で一気に平らげた。

毎年正月には、目白の私邸に大勢の客が訪れたが、そこでは豪華な生寿司ではなく「いなり寿司」を出した。前日に作って固くなっているような高級寿司よりも、本当にうまいのはしっとりとした「いなり寿司」だというのが角栄の考えである。

たとえ高級な料亭に出かけたとしても、贅を尽くした料理にはさほど関心を示さない。気の合う大平正芳とは東銀座の料亭に繰り出し、決まって「すき焼き」を注文。店は材料だけを提供し、2人が勝手に焼いて食べる。

辛い味付けを好む角栄と、甘い味付けを好む大平が、互いに醤油と砂糖を鍋に投入し、最後は奇怪な味に落ち着くのが常だったという。

人間の味覚は生涯、変わらないとも言われるが、見栄を張ることに意義を認めなかった角栄の食卓は、最後まで質素だった。

それは、生涯を通じ「私腹を肥やす」ことに興味を持たなかった角栄の生きざまを象徴しているようにも思える。

角栄50の物語

22 ある老婆の陳情

ロッキード事件で逮捕・起訴された後、東京拘置所から保釈された角栄。しかし、そんなことはおかまいなしとばかり、目白の私邸には連日、新潟の地元からバスで陳情客がやってくるのだった。だが日銀総裁が来たとしても、田舎のばあさんでも、決して態度を変えないのが角栄の流儀である。

あるとき、書生がひとりの老婆を角栄のもとへ連れてきた。頼みごとがあって新潟からやってきたという。

「おいッ、角!」

ばあさんはいきなり角栄を呼び捨てにした。しかし角栄は動じない。

「どうした、ばっちゃん」

「おらんとこの倅が悪い女に騙されて家を出ちまった。かかあとガキが泣いて困っている。お前、警察の親方に頼んでおらの倅をめっけて連れ戻してくれ」

横で見ていた秘書の早坂茂三が、自分勝手な「陳情」を続けるばあさんを思わず叱責しようとした。

しかし角栄は、それを制して言う。

「警察庁長官を電話口に呼べ」

早坂がしぶしぶ電話すると、角栄は長官と話し始めた。

「もしもし田中です。元気かね。ちょっと悪いがメモしてくれ。名前はこれで、住所はここ。すまんが探してくれ。乱暴せず家に連れ戻すんだ。いつも悪いな」

ばあさんが角栄に言った。

「角、めっかるか？」

「おそらくな。そのうちいい便りをしてやるから」

「じゃあ、オラは帰る」

角栄は、ばあさんを玄関まで送ると、無数の靴のなかからばあさんの下駄を見つけ出し、足元に揃えた。

「角、元気でな」

「ばっちゃん、達者で暮らせ」

ばあさんの姿が消える前に、早坂は角栄を詰問した。

「……オヤジ、何ですか、あれは」

「どうした」

「この忙しいときに、あんなわけのわからないばあさんの相手をする必要はありませんよ。しかも玄関まで送ったりして……」

するとと角栄は早坂を叱った。

「バカ野郎、お前は何を怒っているんだ。みんな壁訴訟するしかないのが俺のところへ来るんだぞ。できればよし、できなくてもともとと思って俺のところに来るんだ。助けてやったらいいじゃないか」

「しかし……」

「玄関まで送るのだって、運動だ。最近は運動不足だからな。あのばあさんは田舎に帰れば、角が玄関まで送ってくれたと、頼まないのに20軒も30軒も言って歩くぞ。いいことずくめじゃないか」

できない陳情に対して、角栄は必ず「ノー」と言った。しかしできることならば「ノー」とは言わない。相手の立場や地位や肩書きによって、あるいは自分自身の置かれた状況によって、その方針を簡単に変更しなかったところに、角栄の信用があった。

角栄50の物語

23 石破二朗との約束

自民党の元幹事長、石破茂。かつて安倍元首相と党総裁選を激しく争い、衆議院議員の当選は12回を数える。

その石破茂の父、石破二朗は鈴木善幸内閣で自治大臣をつとめた政治家であった。

1908年、鳥取県に生まれた石破二朗は、東京帝国大学を卒業後、旧内務省に入省。戦後は建設省で日本の復興に携わり、1955年に建設事務次官をつとめた。官僚時代、国土の問題を手がけていた田中角栄と知り合い、親しい関係となっている。

石破二朗は1958年、地元の鳥取県知事選に出馬して当選。このとき角栄は、石破の娘たちとともに、ラジオにかじりついて当落を「聞き届けた」という逸話が残っている。

石破は知事を4期つとめたところで当時総理大臣だった田中角栄に請われ、1974年の参院選に出馬、当選する。1980年に再選を果たし、自治大臣、国家公安委員会委員長に就任したものの、ガンにおかされてしまう。石破は信頼する角栄に辞表を預けたうえで、手術に臨んだ。

翌年、容態がいよいよ悪化した石破は家族に伝えた。

「田中が見舞いに来てくれた夢を見た。嬉しかった……」

息子の茂は目白に電話を入れた。父の「最後の願い」を思い切って頼んでみることにしたのである。

かつて、石破茂はロッキード事件で逮捕された角栄を批判していた。しかし、父の二朗は茂に言った。

「田中に会ったこともないのに、本当のことが分かるのか。田中は金をもらってない、と言うのだからもらってないんだ。いいか、おまえに言っておく。人を信じるというのは、そういうことだ」

角栄への電話は、父と角栄の間には深い信頼関係があると信じての「賭け」だった。

軽井沢にいた角栄に電話がつながった。

「どうか最後、父に会っていただけないでしょうか」

角栄は迷いなく答えた。

「分かった。必ず行きます」

1週間後、角栄が石破の入院する鳥取の病院に現れた。

「あんたに会えて、もう思い残すことはない。ただ、ひとつだけ頼みごとがある。俺が死んだら葬儀委員長をやってくれ」

角栄は語りかけた。

「何を言ってる。必ず元気になる。……分かった。約束する」

角栄は、当時の鳥取県知事に電話した。

「残念ながら、石破君の容態が良くない。葬儀になれば彼の業績からして県民葬になるだろう。その場合は私が委員長になることはできないので、君に頼みたい」

2週間後、石破二朗は73年の生涯を閉じた。県民葬には田中派の議員全員が訪れ、故人の冥福を祈った。

数日後、石破茂が目白の私邸にお礼にやってきた。角栄がたずねた。

「県民葬には何人来た？」

「３５００人です」

「よし、青山葬儀所でやる。３５００人より多く集める。これは彼との約束だからな」

角栄は葬儀委員長として本当に３５００人以上の弔問客を集め、その「約束」を果たした。その後、政界を志した石破茂は田中派の事務局に勤務し、「雑巾がけ」をこなしたあと、１９８６年の衆院選で出馬、初当選を飾っている。

角栄50の物語 24

いちばん悪い政治家とは

ロッキード事件で田中角栄が逮捕されて以来、初めての衆院選が1976年12月にやってきた。

自民党、特に田中派議員にとって、史上最大の「大逆風」となったこの選挙は、議員それぞれの信念と真価が問われる選挙となった。

角栄は派閥議員たちを前にこう詫びた。

「すまんな。俺のおかげでお前たちの票を1万票ずつ減らしてしまったな……」

実際、角栄と距離を置く議員も多かった。露骨に態度に出すのも具合が悪いため、表向き忠誠を誓って、裏で「角影」を消しにかかる候補者もいた。しかし、有権者の判断とは別に、少なくとも永田町においては、それまで恩を受けた角栄との関係を突然切りにかかるような議員は、「アウト」のマークをつけられるのが常識である。

茨城2区から出馬した梶山静六は、角栄に忠誠を誓った1人である。角栄が東京拘置所から保釈された際には目白で「帰還」を出迎えた。しかし、その行動は当時、「巨悪の一味」としか報じられなかった。

「聞いていただきたい！　恩ある人が拘置所から出てきて、迎えることがなぜいけないのでしょうか。私は出迎えたことを人生の誇りに思っています！」

梶山の演説は、しかし当時の逆風下では無力だった。梶山は600票差の僅差で落選する（3年後の選挙ではトップ当選した）。

渡部恒三も角栄を擁護した。選挙前に角栄に呼ばれた渡部は、こう聞かれた。

「渡部、お前、選挙が心配か？」

「心配です」

「心配するなッ！　お前の福島2区は定員5人だ。5分の1の票を獲得すれば勝てる」

そして囁いた。

「世の中には5人に1人ぐらい、変わり者がいる。大丈夫だ」

渡部は会津弁で訴えた。

「親子となり、師と仰いだスト（人）が、逮捕されたがらといってだ、自分が損するがらと離れていいのでしょうか！」

渡部はかろうじて当選したが、その思いは本心だった。

岩手2区から出馬した小沢一郎は、逆にトップ当選を果たした。

「オヤジだけを固いイスに座らせておけない」

かつて弁護士を目指し、司法試験の勉強をしていた小沢は、長きにわたったロッキード裁判を、初公判から一審判決まで、足かけ6年、1度も欠かさず傍聴した。それを成した代議士は小沢だけである。

その後、寄しくも3人は「竹下派七奉行」のメンバーとなった。しかし、時が経たいまでも語られるのは、師である角栄への態度である。

3人がその後、師である角栄の語り部として残り続けたのも、あの「ロッキード選挙」のときの身の処し方に間違いはなかったという、確固たる自負があるからなのだろう。

「どんな発言をすれば新聞に大きく書かれるかと考える人間がいる。こういうのがいちばん悪い。政治家としても大成しない」

これは角栄が残した政治家のあり方についての言葉である。どういった信条であれ、変節することなくそれを一貫して守り、国民の前に態度として示し続けることが重要であるという考えは、人間の信用、信頼というものの本質を言い当てている。

角栄50の物語

25

「真実の愛」に気づくまで

角栄が無類の映画好きだったことは、意外に知られていない。

戦時中、満州で兵役に就いていた角栄は、上官にある所持品を見つけられてしまう。

それは『オーケストラの少女』（1937年）や『銀の靴』（1939年）などハリウッド映画で活躍したカナダ人女優・歌手、ディアナ・ダービンの写真だった。

「これは何であるか！」

「恋人の写真を持ってきました」

角栄が上官に思い切り殴られたことは言うまでもないが、戦後のある時期まで、角栄だけではなく、同世代の若者にとって映画は最大の娯楽のひとつだった。

１９５４年、自由党の副幹事長になった角栄は、眼を真っ赤にして自室に戻ってきたことがあった。

「どうしたんですか」

秘書の佐藤昭子が聞いた。角栄が涙を拭きながら言った。

「いま、池田（勇人）幹事長と『二十四の瞳』を見てきた……」

香川県・小豆島を舞台に、戦争が女性教師と子どもたちにもたらした苦難と悲劇を描いた物語。涙もろい角栄は、政治そっちのけで映画に熱中してしまったのである。

角栄が好きな映画は、ロマンチックな洋画だった。

『哀愁』『嵐が丘』『スタア誕生』……角栄が悔やんでいたのは世界的にヒットした名画『風と共に去りぬ』を見逃したことだったという。４時間もの大作ゆえ、見る時間が取れなかったのだが、角栄は議員になってもこっそり国会を抜け出しては、佐藤昭子と映画館に繰り出していた。

なかでも角栄がもっとも心酔した映画が、『心の旅路』（1947年日本公開）だった。

第一次世界大戦に従軍し、戦後、記憶喪失になってしまった男スミシーは、精神病院を抜け出し親切な踊り子ポーラと出会う。

2人は恋に落ち結婚。子どもも生まれた。だがあるとき、スミシーは街で交通事故に遭い、戦争で失っていたかつての記憶を取り戻す。そして今度は、ポーラとの記憶が失われてしまうのである。

ポーラのもとから消えたスミシー改めチャールズは、実業界で成功。やがて国会議員になる。

ポーラはチャールズ国会議員が秘書を募集しているのを知り、マーガレットの名で応募し採用される。

だがチャールズは彼女をかつてのポーラと気づかない。やがてチャールズはマーガレットに結婚を申し込み、2人は再び結婚する。もっとも、スミシーとポーラの時代の記憶が蘇ることはない。

マーガレットは満たされない気持ちに耐え切れず、南米に旅することを決める。

南米への船は、かつてポーラとスミシーが暮らしたリバプールの港から出ていた。妻を見送りにチャールズがリバプールに戻ったとき、懐かしい風景とともに、チャールズのすべての記憶が蘇る……。

角栄は、この映画を見て佐藤に何度となくこう言ったという。

「おまえなら分かってくれるだろう。俺にはお前が必要なんだ」

角栄は、同時代を生き、時間と運命を共有した同伴者を絶対に裏切ることはなかった。頂点からの風景を見た男にとって、自分が何者でもなかった時代に支えてくれた人間の真心は、何よりも大切にしたい価値があったのだろう。

何度かの出会いを経て、最後に「真実の愛」に辿りついた2人――それはあくまで映画のストーリーであったが、なんともロマンチストな角栄である。

角栄50の物語 26

生きたカネの渡し方

長く自民党の幹事長をつとめた角栄だけに、カネにまつわるエピソードにことかかない。

人はそれを「金権」と呼び、メディアは「カネしか信用できなかった人間の悲哀」と書いた。

確かにそうした見方も可能であるが、それを認めたうえで角栄の人間力に言及するならば、何の見返りや返済も求めず、人に大金を配るということ自体、どんなにカネを持っていたとしても、簡単にできることではない、ということだ。

ある田中派の若手議員が女性問題を起こし、どうしても100万円が必要になった。しかし期限までにそれが工面できない。

すべてを話し、借金を申し入れた若手議員に対し、角栄は途中で話を遮って「分かった。カネは届けさせる」と答えた。

わずか30分後、田中事務所から紙袋とメモが届けられた。中身は300万円だった。

「まず100万円でケリをつけろ。次の100万円で迷惑をかけた人たちにお礼をしろ。100万円はとっておけ。返済は無用」

ある中堅の議員は選挙中、資金が枯渇し、どうしても300万円が必要になった。やはり角栄に相談すると、その日の夜、秘書が地元までやってきて紙袋を置いていった。

中には500万円が包まれていた。議員が本当に必要だった金額は500万円だったが、恐れ多くて言い出せないでいた。議員は見事、選挙に当選した。

角栄の「金権」批判の急先鋒だった福田派の福家俊一(ふけとしいち)議員が1983年に入院した際、角栄本人が見舞いにやってきた。当時、福家は浪人中で、次の選挙は厳しい戦いが予想されていた。

「入院が長引くと大変だな。選挙も近いんだし、体は大事にしろ」

角栄がベッドの下に何かを置いて帰った。福家はそれを見舞金と感じた。

「さすがに自分の場合、50万円がいいところだろうな」

だが、中身は10倍の５００万円だった。その後、退院までに4回やってきた角栄はその都度、５００万円を置いていった。

１９８３年の衆院選で当選を飾った福家は、福田派を離れ無所属となり、「目白詣で」を欠かさないようになった。

カネを渡すことの是非は、ここでは述べない。ただ、その渡し方である。困っている人が、本当にありがたいと思う「生きたカネの渡し方」がそこにはある。田中事務所の秘書たちは、これみよがしに、恩着せがましくカネを渡すのは厳禁であると教育された。

「カネを渡すお前が頭を下げるんだ」

これが角栄の口癖だった。

旅先では相手方が用意した運転手、旅館の仲居(なかい)さん、下足番(げそくばん)にも新札の「心づけ」を必ず用意し、それを渡す秘書にはこう命じていた。

「いいか、運転手がいる。クルマが着くと、運転手が降りてドアを開ける。SPが降りる。オレが降りる。最後に降りるのが秘書だ。オレが降りたとき、みんなの目が集中する。運転手を見ている者は誰もいない。そこで素早く渡すようにしろ」

それはもはや気配りを超越した職人芸だった。

角栄は、カネを受け取る側の「うしろめたさ」を熟知していた。臆面もなく、喜んでカネを受け取れる人間はいない。だからこそ「渡し方」が必要なのだという哲学は、カネに限らず人間の「生き方」にも通じる。

人に対するほどこしは、見返りを求めぬ無償の行為でなければならない——それが「角栄イズム」である。

角栄50の物語 27

さっきは怒ってすまん

たとえ感情をあらわにしても、その後根に持ったりせず、水に流すということは、実際の人間関係においては案外難しいものである。

だが、角栄はそれが得意だった。どんなにケンカをしても、少しだけ時間を置くと、

「君には負ける。また会おう」

「いまから来ないか。飲もう」

このどちらかが飛び出てくる。角栄は、いつも人を愉快にさせた。そのさっぱりとした性格は、取材する記者たちの間でも好感を持たれた。

1972年の前半、佐藤栄作首相の後継をめぐり、角栄と福田赳夫が激しく争っていた時期、閣議室で1時間も会談していた角栄と福田が別々に部屋を出

てきた。

福田の軽快な足取りに対し、仏頂面の角栄。対照的な両者の様子からして、室内でいわゆる「角福調整」が行われた可能性が高かった。

各社の番記者が角栄を取り巻いたが、角栄は答えず足早に歩いていってしまう。

〈いまはちょっとダメそうだな……〉

角栄の気質を知るベテラン記者たちは空気を読んでそれ以上、深追いしなかったが、当時読売新聞記者だった本田来介は、あいにく角栄の担当記者を命じられたばかりだった。

当時通産大臣だった角栄をエレベーターまで追いかけた本田は、質問を浴びせた。

「大臣、今日の角福調整の結果はどうなったのでしょうか」

すると、角栄が大声でこうまくしたてた。

「角福調整なんてないッ！　そんなものはないんだッ！　オレの話を日頃から

聞いているくせに分からんのかッ！　25年議員を馬鹿にするなッ！」

取り付くシマもなくなった本田は、もうひとりエレベーターに乗っていた別の社の記者とともに、クルマで通産省に向かう角栄を見送るしかなかった。

確かに質問方法には至らない部分があったかもしれないが、何しろ番記者になったばかりで話を日頃から聞いていたわけではない。こういったことは、まま起こり得る話だ。

気を取り直した本田は、一連の経緯をキャップに報告し、砂防会館の角栄の事務所に向かった。気分は重いが、番記者が向かう場所はそこしかないからだ。ところが、そこから考えられないことが起きた。本田が他社の記者と雑談していたところ、角栄がそこに姿を現したのである。

「また怒られる！」

本田が緊張した瞬間、角栄は深々と頭を下げた。

「今朝方はオレも興奮して大きな声を出してしまい申し訳ない。あの後おおいに反省してな。このとおり謝る」

一国の大臣が、一介の番記者に対し非礼を詫びるということ自体、極めて異例と言えるが、それを簡単にやってのける角栄の株が、番記者たちの間で急上昇したことは言うまでもない。

角栄はロッキード事件で被告となっていた時代、同じ自民党の重鎮議員だった田村元（元衆議院議長）に「これ以上田中派を増やしてどうする。そんなことをしても検察に圧力はかけられない」と指摘され、そばにあったマッチ箱を投げつける大喧嘩を演じたことがある。

ところがその晩、角栄は田村に電話。先に詫びた田村の言葉を遮るように、こう言うのである。

「そんなことはいいんだ。いま目白だが、こっちに来てくれ。一緒に飲もう」

人間の弱さを認め、人を許す力――それは角栄の最大の武器だったのかもしれない。

角栄50の物語

28 本質は平易な言葉に宿る

角栄の言葉は平易で、かつ分かりやすい。誰にでも伝わる内容であり、かつリアリティと説得力がある。

角栄は政治家であったが、難しい政治用語や、役人が駆使する「官僚答弁」など、分かりにくい物言いを嫌った。

「人間にとって本当に大切なことは、難しい言葉でなく、誰にでも分かる簡単な言葉で表現されている」

それが角栄の考えである。「本当の雄弁」とは、多くの言葉を使い、知識や教養を披露することではなく、相手の心をとらえ、聴衆が「今日はよかったな」と思える話のことであると、角栄は周囲に語っていた。

選挙演説や講演における角栄のスピーチはどれもユニークだったが、その定番ネタがこれだった。

「……と、ここまでが役人の作文。ここからが、私の本当に言いたいことなんであります！」

まさに「本音」で語る角栄がいちばん面白く、輝いていたことは、誰もが認めていたことである。

それは「トーク」に限らない。かつて角栄はテレビでこんなインタビューを受けた。

「もし、政治家にならなかったら、何になっていましたか」

角栄はこう答えている。

「小説家になってただろうね」

実際、角栄は若き日の一時期、保険雑誌の記者をしていたこともあるし、1933年には新潮社発行の雑誌『日の出』創刊号に「三十年一日の如し」という小説を投稿し、佳作に入賞して5円の賞金をもらったこともある。

政界の実力者となった1966年からは、「日本経済新聞」の『私の履歴書』

に登場したが、こうした場合は通常、ゴーストライターか日経記者の聞き書きとするところ、角栄は自分で原稿を書いたというから、「小説家」というのもあながちあり得ない話ではなかったのである。

この『私の履歴書』連載中、日経の編集局に、ある人物からハガキが送られてきた。

「貴誌連載中の田中角栄氏による『私の履歴書』を愛読しております。文章は達意平明、内容また読む者の胸を打つ。筆者によろしくお伝え下さい」

このハガキの差出人が、日本を代表する文芸評論家、小林秀雄だったことから、さっそくこのハガキは角栄に送られた。

秘書の早坂茂三が、興奮してそれを角栄に見せたが、あいにく反応はイマイチだった。

「小林秀雄ってだれだ？」

「日本で一番偉い批評家です」

するとさすがに気を良くした角栄は子どものように喜んだ。

「眞紀子、知ってるかな?」

「知ってるでしょう」

「よし、あの娘はオレをいつもバカにしてるから、きょうはこれを持って帰ろう」


翌日、眞紀子から早坂にこんな電話がかかってきたという。

「あれ、本当に小林秀雄さん?」


日本を代表する知性にも認められた角栄の文章。その言葉が人に伝わる力を持っているのは、その中身が本人の血肉となった「真実」であるからだ。

熱風のように駆け抜けた激動の「時代」と、人間にとっての普遍の価値が同時に息づいているからこそ、角栄の言葉、文章は輝いて見えるのであろう。

角栄 50の物語

29 竹入義勝との友情

かつて公明党委員長をつとめた竹入義勝は1998年、「朝日新聞」紙上にて55年体制を総括する内容の手記を連載した。

だが、その内容をめぐり公明党・創価学会側と関係が悪化し、その後竹入は党から除名処分を受ける。

竹入の赤裸々な告白が、建前を崩さない公明党と、池田大作名誉会長の逆鱗(げきりん)に触れたと言われたが、それだけ内容が迫真性に満ちたものであったことは確かである。

竹入と田中角栄の親しい関係はよく知られており、特に有名なのは、角栄の成し遂げた「日中国交正常化」について事前の極秘折衝を、先に訪中していた竹入らが担ったというエピソードだ。

もともと、竹入と角栄の最初の「接点」は1968年のこと。公明党の参院議員が、角栄の女性問題や国有地払い下げ問題を国会で追及する構えを見せたことがきっかけだった。

当時公明党の衆院議員で、党中央執行委員長でもあった竹入は、ジャーナリストの仲介で角栄と会談する。

「女性問題については、すでに責任を取っているんです。取り上げるのはやめてもらいたい」

角栄は率直に竹入に語りかけた。竹入は、新人議員だった自分にも丁寧に対応する角栄の話しぶりに好感を覚え、「自民党のなかでは相当伸びる人だから」と参院幹部を説得。角栄への女性問題追及を取り下げるよう工作した。

その直後の1969年に、いわゆる「言論出版妨害事件」が起きる。ジャーナリスト・藤原弘達による創価学会批判の書籍をどうしても出版されたくなかった公明党は、竹入が著者の藤原の説得を角栄に依頼。

結果的に角栄はその説得に失敗したが、どんなに追及されても「竹入君に頼まれてやっているわけではない。幹事長だからおせっかいを焼いているだけだ」と公明党を守った。

この出版妨害事件では、角栄、竹入とも自宅を記者に囲まれた。角栄は窓越しの報道陣を眺めながら、竹入に電話をかけた。

「竹入君、ここも新聞記者がいっぱいで出られないぞ」

「すまんなあ」

「いいよ、幹事長やめりゃあいいんだから」

「そのときはこっちも委員長をやめなくっちゃ」

「まあまあ、成り行きだ。こんな泥沼、いつでもあるんだから」

公明党と創価学会は角栄に大きな借りをつくる。このとき竹入と角栄の関係は「おれ」「おまえ」という打ち解けたものだった。

1972年、角栄より先に訪中した竹入は、日中国交正常化に関する中国側の考えをいわゆる「竹入メモ」として持ち帰り、総理に就任した角栄に提示。それをもとに、角栄は一気呵成の「国交正常化」を成し遂げるのである。

角栄と竹入は、お互いに政治家としての苦境を救い合った恩人であると同時に、日本の未来について、垣根を越えて議論できる同志でもあった。

竹入が目白にやってくると、はな夫人がじきじきにウイスキーと寿司を出すのが常だった。角栄はいつも本音で語り、醤油を吸って崩れた寿司のご飯をうまそうに口に運んだという。

竹入は、前述の「朝日新聞」連載の冒頭でこう述べている。

「田中角栄元首相に対しては野党の立場から厳しく追及したが、政治的にも、人間的にもすばらしい人だった。政治家としての考え方、政策、実行力が尊敬できた。今の政治家、政策マンで彼に匹敵する人はいない」

角栄50の物語

30 天が落ちてくることはない

田中角栄にとって、生涯最大の「逆境期間」とは、いつだったのだろうか。実の息子の夭折は間違いなく痛恨であっただろうし、「金脈」報道やロッキード事件における逮捕もまた、角栄本人にしか分からぬ苦境であったことだろう。

ここでは、秘書の早坂茂三が書き残している「有罪判決の日」の角栄について紹介したい。最大の試練も、仲間と少しの酒があれば、前向きに受け止められるという趣旨である。

ロッキード事件で逮捕・起訴された角栄に一審判決が言い渡されたのは、1983年10月12日のことだった。

角栄は、東京地裁に向かう途中のクルマのなかで早坂の右膝をポンと叩いた。

「おい、お前にも苦労させてきたけど、今日から楽にさせてやる」

「だといいんですが……」

無罪を信じていた角栄――だが判決は懲役4年、追徴金5億円という実刑判決だった。早坂は、角栄とも打ち合わせて用意しておいた原稿を読み上げた。

「判決は極めて遺憾。生ある限り国会議員としての職責を遂行する」

早坂が目白へ戻ると、角栄はすでにオールドパーのロックをひとりで飲んでいた。

早坂が角栄の前に座った。

「オヤジさん。徹底的に闘いましょう。倒れて後、止む、だ」

「そのとおりだ。こんなものにすりつぶされてたまるか」

「党内も野党もマスコミも、明日から『代議士やめろ』の大合唱になります」

「そうだろうな」

「彼らはオヤジさんが簡単に辞めると思っているんだろうか」

「そりゃ、お前、誰にだって期待可能性はあるよ」

「バカな奴らだ。まだ、オヤジのことが分かっちゃいないんだ」

「世の中にゃいろんな奴がいる。いつの世も同じことだ」

2人に酔いが回ってきた。

「オヤジさん、いまはいいご時勢だ。命までは取りにきません」

「そうだ。山よりでかいイノシシは出てこない。天が落ちてくることはない」

角栄が叫んだ。

「事務所の連中をみんな呼べ！」

全員が集合し、それぞれのグラスに水割りとビールが注がれた。

「心配をかけてすまん。しかし、俺は大丈夫だ。また苦労をかけるが一緒に頑張ってくれ。さあ、命がけの選挙になるぞ。乾杯だ！」

2カ月後（12月18日）の総選挙で、角栄は22万7６１票という空前の大量得票を集め、15回目の当選を果たした。

角栄は何と戦っていたのか——その答えは、角栄を見る者たちの歴史観を映し出す。

自身の名誉回復か、それとも権力への執着か、総理という地位を汚すことへの抵抗か。さまざまな理由があったにせよ、ひとつだけ言えることがある。

それは、後世に生きるわれわれが角栄という人間を見るときに、そのすべてを見たうえで評価を下さなければ、判断を見誤る可能性が高いということだ。

喜び、悲しみ、愛情、欲望、そうしたすべての生きざまをトータルで見たとき、初めて「田中角栄」への理解が始まる。

ロッキード事件の被告として、巨悪の象徴とされた角栄。だが、時が流れたいまとなっては、どんなときにも前向きで、人間味溢れる「角さん」のキャラクターだけが、懐かしく思い出される。

角栄50の物語

4章

角栄50の物語

31 オナラして「失敬」

毎日新聞で長く政治記者をつとめ、政治評論家としても活躍した岩見隆夫は、田中角栄をもっともよく知るジャーナリストのひとりだった。

岩見は、戦後のありとあらゆる政治リーダーのなかで、ただひとり、角栄だけが異質の人間味と愛嬌を持っていた人物であったと書き残しており、たとえば秘書から聞いたという次のようなエピソードを紹介している。

ある日、角栄の秘書がゴルフに同行した。帰り道、後部座席に座っていた角栄が、突然開閉ボタンを押して窓を開けた。

すでに何杯か水割りを飲んでいる角栄は、無類の暑がりでもある。秘書は「しまった、車内の温度が高すぎた」と思い、思わず振り向いた。次の瞬間、「ブオッ！」という大きな音がした。

「失敬ッ！」

大きな屁をこいた角栄が、平然と窓の外を見ている。そのとき秘書はどう思ったか。

「多くの政治家と接してきたが、あんなことをする議員は、間違いなく誰もいない。そのときに私は、この人に一生ついていこうと思ったんです」

人は誰しも、裏表なく本音で接してくれる人間に対し、好ましい印象を持ち、心を許す。角栄の言動は、あらゆる立場の人間に不思議な「共感」をもたらすのである。

作家で天台宗僧侶だった瀬戸内寂聴は、角栄が自民党幹事長だった１９６０年代、あるテレビ番組で角栄と対談している。まだ出家前の瀬戸内寂聴は、当時さまざまな批判にさらされていた自民党の代表者として出演する角栄に、厳しい質問を投げかけるという役どころだった。

番組が始まる前、角栄は自ら寂聴に笑顔で声をかけた。角栄は寂聴より４歳年上である。

「初めまして。今日はマナイタの鯉ですから」

番組が始まり、寂聴が政治の腐敗を追及していく。角栄は一方的に詫びた。

「いやあ、もう、このたびのことでは、自民党といたしましては、厳粛に襟を正して、国民の皆様にお詫びしなければならんと思います」

するとすると寂聴が厳しく追い打ちをかけた。

「襟を正すとおっしゃいますが、そもそも自民党に正す襟があったのでしょうか」

すると角栄は、膝の上でパチパチと閉じたり開いたりしていた扇子（せんす）で自分の頭をポンと叩き、子どものようにこう答えるのである。

「いやあ、やられたなあ」

これには「追及役」をつとめた寂聴も思わず笑顔を浮かべてしまい、その後は角栄の独壇場となってしまった。プライドだけが高く、自身の非を認めることができないのはエリートと呼ばれる人種のひとつの特徴だが、角栄の受け答えはエリートには真似できない「人間の度量」を示すものだった。

戦後、官僚出身のエリートたちが日本の政治リーダーとして日本の復興をリードしてきたが、多くの国民の間には「同じ目線で話せる政治家」の登場を待望する機運が高まっていた。まさにその代表格が角栄だったのである。

「馬喰(ばくろう)のせがれ」だった角栄はこう語っていた。

「臭い飯というのは、刑務所暮らしの飯じゃない。牛や馬の糞尿の臭いが漂うなかでオレたちのような百姓が食う飯のことだ」

日本の歴代宰相のなかで、「臭い飯」の本当の意味を語った人物は、後にも先にも田中角栄ひとりであろう。いまなお角栄が、昭和を代表する日本人として多くの人々に想起されるひとつの理由である。

角栄50の物語

32 竹下登の涙

田中角栄が1985年に倒れる直前、田中派議員であった竹下登が「創政会」を立ち上げ、派閥を割った。それに対し激怒した角栄が、生涯竹下を許さなかったというのはひとつの「定説」として永田町に伝わっている。

自民党内の最大派閥でありながら、総理総裁候補を立てず、自分自身の権力を保持し続けている角栄に対し、自民党幹事長にも登用されないでいた竹下とその周辺が不満を持った――それが「独立」の契機となったという説明である。角栄が、師である自分に弓を引いた竹下に激怒したという話は、それ自体、間違っていないはずである。

1987年の正月、目白の私邸を訪れた当事自民党幹事長の竹下が、新年の挨拶を拒否され「門前払い」されたという事件はあまりにも有名だ。もっとも、このとき門前払いを指示したのは角栄本人ではなく、長女の眞紀子であったという説もある。

角栄は、自分自身を裏切った竹下を本当に憎み、潰そうとしていたのか。いや、そうではない――そんな逸話を生前に披露していたのは、元新潟県議会議員の齋藤隆景である。

まだ角栄が倒れる前の1980年代前半、齋藤は当時大蔵大臣だった竹下登に、新潟の地元団体の大会に出席してほしいと依頼したことがあった。

現職の大蔵大臣が地方の小規模イベントに出席するということは異例であったが「角栄の選挙区」となれば、竹下も断れない。

齋藤が竹下に出席を依頼したこと、そしてOKが出たことを目白の角栄に報告すると、角栄は机をひっくり返さんばかりに怒り出した。

「あんたたちは竹下を何だと思ってるんだ。大蔵大臣だぞ！」

齋藤は震え上がった。

「あんたたちは『竹下なんて』みたいな言い方をするが、将来国を束ねるには財布の中身を知っていないとできねえんだよ。みんなは『早く幹事長にしろ』などと言うが、将来必ず自民党を背負うからこそ、大蔵大臣をやってもらってるんだ。おまえらが安っぽく使うためじゃねえ！」

角栄はその場で竹下事務所に自ら電話し、齋藤の依頼について直接詫びた。だが、竹下は「気になさらないでください。私は出ます」と答え、結局イベントに出席した。

その後、竹下は経世会を設立し、角栄が倒れた後の１９８７年に総理大臣となったが、リクルート事件などのスキャンダルがあり、２年足らずで退陣している。

１９９３年に角栄が死去してから数年後のこと、偶然都内のホテルで竹下夫妻と再会した齋藤は、竹下に「顛末」を伝えたという。

「その節は失礼いたしました。あのとき、私はオヤジにひどく怒られました。オヤジはこう言いました。竹下を幹事長にさせたくないなどということは一切ない。将来、日本を背負って立つ人間だからこそ、頼んで大蔵大臣をやってもらっていると……」

そのとき、齋藤は目の前の竹下が嗚咽し、涙を流していることに気づいた。創政会を立ち上げて以降は面会すら許されなかった角栄に対し、竹下が内心、どのような気持ちでいたか――決して人の悪口を言わないことで知られた竹下だが、齋藤が伝えた角栄の言葉が、人知れず懊悩（おうのう）を抱えていたはずの竹下にとって、ひとつの救いになったことは間違いなかったと思われる。

人はしばしば、相反する感情を同時に持つことができる。同じ人間を評価しながら批判し、憎みながら愛する。そうしたことが本当にあるということを教えてくれる角栄のエピソードである。

角栄50の物語

33 草木の1本にいたるまで

戦後、婦人問題や戦後史にまつわる著作を数多く残した上坂冬子は、田中角栄と娘の眞紀子両方を知るノンフィクション作家であった。

角栄が現職の総理大臣だった時代、人気作家だった上坂は、テレビ番組「総理と語る」に登場し、角栄と初めて対談した。

「列島改造論」や、すでに批判の出ていた「金権政治」などについて2人が語った後、上坂は番組終了後に記者団から「角栄の印象」について聞かれ、こう答えた。

「インテリ的ではなく、明快な方でした」

だが、この言葉に対し、官邸は記者団にこう申し入れた。

「インテリ的ではない、という言葉は誤解を招くということで、上坂さんから取り消しの申し入れがありました」

　上坂は「取り消し」を申し入れていない。官邸が角栄に「配慮」して、勝手に取り消してしまったのである。だがこのとき、上坂は官邸に抗議するようなことはせず、むしろ角栄という人物への興味を深めることになる。

　1979年4月の東京都知事選前、上坂は上野と新潟を結ぶ特急「とき」の車中で、たまたま角栄と一緒になったことがあった。すでに総理大臣を辞任して5年、角栄がロッキード事件の被告となっていた時期である。

　角栄がトイレに立ったとき、上坂が「田中さん」と声をかけると、角栄は「オウ」と答え、そのままトイレに行った。戻ってくると、角栄は上坂の横に座った。

「もうすぐ都知事選ですね」

　すると角栄は手帳を取り出した。

「大丈夫。間違いなく鈴木俊一が勝ちますよ。私は30年以上、こんなことばかりやってきたんですから」

選挙では鈴木俊一が勝利したが、角栄が口にした得票数と、鈴木の得票数（約190万票）はわずか1万票ほどしか変わらなかった。

「田中さんは週刊誌を読まれるのですか？」

するとと角栄は目を見開いた。

「あんなもの読まん！」

だが、少し笑ってこう続けた。

「だがねえ。気になるのでソッとめくって、ちょっと読んで、またしばらくしてソッとめくって……結局全部読んだこともある」

車窓は一面の雪景色であった。上坂が聞いた。

「薄いコートしか着てこなかったのは失敗でした」

すると、角栄は窓の外を眺めながら、こう言った。

「大丈夫ですよ。次のトンネルをくぐると雪は減る。新潟のことなら、草木の1本にいたるまで私の言うことに間違いはありません」

角栄はポンと上坂の膝を叩いて席を立った。そのとおり、トンネルを抜けると雪はやみ、緑がちらほらと見えてきた。

選挙の神様と呼ばれた角栄は、徹底したリアリストだった。選挙区内の100近い地区の情報をすべて頭に入れており、付近の住民とは「昔、あの沢に落ちて命を落とした人がいた。道を改良するのに時間がかかった」などと詳しい話ができたという。これだけ地元を知り尽くした総理大臣経験者は、間違いなく角栄だけである。

角栄50の物語 34

真打ちの扇子

人気番組「笑点」で活躍し、落語協会理事もつとめた落語家の林家こん平は、新潟県刈羽郡千谷沢村（現・長岡市）出身である。

1993年に田中角栄が死去した際、こん平はちょうど長岡から上野駅に戻ったところで同郷の元総理の訃報に触れ、人目をはばからず涙を流したという。林家こん平は真打ちに昇進した1972年9月、師匠の林家三平とともに紋付袴姿で目白にある角栄の私邸を訪ねた。こん平は、地元出身の落語家として角栄と面識はあったものの、角栄は7月に総理大臣になったばかり。さまざまな実務に忙殺されており、陳情、面会はきっちり「1人3分」というルールが守られていた。

師匠の林家三平が、こう切り出した。

「総理大臣、このたび弟子のこん平が真打ちに……」

するど、背後から差し出された秘書のメモを見た角栄は、一方的にしゃべり出した。

「あーそうか、真打ちになるの。良かった良かった」

時間はわずか3分しかない。三平が、用意していた手土産の「3点セット」を差し出した。落語の世界では、真打ちに昇進した際、手拭い、扇子、口上書きの「3点セット」が引き出物として配られることが多い。

すると角栄は、箱に入った引き出物をその場で開けると、高座用の扇子の包みを開けて、それを開き、眺めたうえでパタパタと仰いで見せた。

それだけではない。暑がりの角栄はいつも扇子を携帯していたが、内ポケットからいつも使用している自分の扇子を抜き出し、こん平の扇子と入れ替えたのである。

「これは今日から使うことにしよう。で、最近はどうだ。田舎には帰っているのか」

総理大臣が、自分の扇子を使ってくれている――その小さな気遣いに感激したこん平は、思わず地元がいかに、角栄総理誕生に沸いているかを熱弁した。気づけば「3分まで」と決められた時間はとうに過ぎ、15分以上が経過していた。

その約1週間後、電撃的に訪中した角栄は日中国交正常化を成し遂げる。こん平にとっては、生涯忘れられない15分間になった。

無数の陳情をただ処理することだけを考えるのであれば、土産品の類をいちいち開封する必要はない。心をこめて話を聞き、本当に相手を祝福したいという気持ちを形で示す。言うは易しいが、忙しい一国の総理大臣ともなれば、簡単にできる話ではない。

角栄は、たとえ短い時間しか対応できない陳情客に対しても、必ず名前を覚え、知らなければ事前に秘書に調べさせ、適当な対応をしなかった。

「政治家は代理のきかない商売だ。客と会うのが醍醐味なんだ。それが億劫になったら、政治家を辞める」

角栄は、なぜ「小さな対話」にそれだけ時間を割くのかを問われたとき、そう答えた。

角栄が、終生「人生の師」と仰いだ人物に、郷里の二田(ふただ)尋常高等小学校の草間(くさま)道之輔(みちのすけ)校長(当時)がいる。

その草間校長は、角栄少年に3つの「校訓」を教えている。

それは「至誠(しせい)の人、真の勇者(ゆうしゃ)」(まごころを尽くす人こそ、ほんとうの勇者である)、「自彊不息(じきょうやまず)」(常に努力し怠ってはならない)、「去華就実(かをさりじつにつく)」(なにごとも飾らずに実直にせよ)という3つである。角栄はこう書く。

「わたくしという人間のすべては、この三つの校訓にしたしんだ八年間につくりあげられたものと思っている」(『わたくしの少年時代』)

角栄50の物語

35 「フジ三太郎」の質問

サラリーマン漫画の創始者と呼ばれ、「フジ三太郎」の作者としても知られる漫画家のサトウサンペイは、幹事長時代の角栄を「怒らせた」エピソードを持っている。

1960年代後半、日本テレビが「選挙はいかにあるべきか」というテーマで各党の幹事長クラスに討論をさせる番組を企画した。そこには識者や文化人が同時に呼ばれ、国会議員にさまざまな質問を投げかけていくというスタイルである。サラリーマンに人気を博していたサトウサンペイはこの番組に呼ばれることになったが、特に政治に詳しいわけではなく、もちろん角栄とは初対面である。

自民党の田中角栄、社会党の石橋政嗣、民社党の佐々木良作、公明党の矢野絢也、共産党の不破哲三らが雛壇に並び、番組がスタートした。

　司会者に発言を求められたサトウサンペイは漫画家として、国民目線でユニークな質問を求められていると感じ、次のように述べた。

「1、2年前、土地が23坪の建売住宅を買いました。不思議なもので、その日から〝地価よ上がれ！〟と思うようになりました」

　会場から笑いが漏れた。

「23坪でもそうなんだから、土地をたくさん持っている政治家たちは、ぼくよりもっと、地価よ上がれと思うはずです。それでは地価は下がりません。ぼくたちは地価を下げてほしいんです。で、テレビの政見放送のとき、野球選手の打率が出てくるみたいに、テロップで候補者の持っている土地の坪数を出してほしいなあ……」

　会場から拍手が巻き起こった。サトウサンペイがなおも続ける。

「今日はせっかくの機会ですから、みなさんに何坪くらい持っておられるか伺いたいと思います。左端の田中さんからお願いします」

するど角栄は憮然とした表情でこう言った。

「私はそんな、感情的な質問にはお答えできません！　わが自民党の土地政策は……」

するとサトウサンペイは、その話を遮ってこう述べた。

「いや、それはよく知っています。坪数のことです」

ここで角栄の話が止まり、スタジオは険悪な雰囲気に包まれた。そのムードを打ち消すかのように、隣に座っていた共産党の不破哲三が手を挙げた。司会者に指名されると、ニコニコとした表情で口を開いた。

「私は賃貸アパート住まいです」

そのまま番組は進み、角栄はその後一言も言葉を発しないまま収録は終わった。

終了後、出演者は貴賓室に集められ、酒や料理がふるまわれた。野党議員がサトウサンペイの質問を褒め、「女性問題も田中さんに答えてもらえばよかったのに」などと大きな声で言う。角栄はじっと腕を組んだまま、ひとり外の景色を眺めたままで話に参加してこない。

30分ほど経ったとき、打ち上げはお開きとなり、議員たちはそれぞれ用意された車で帰っていった。いちばん最後まで残っていた角栄が、まっすぐサトウサンペイのもとへやってきた。

角栄は無言で手を差し出した。サトウサンペイも無言で手を出すと、角栄はその手をもの凄い力で握り締めた。

「いや、さきほどは失礼した」

握った手を何度もゆすると、角栄は何度か「失礼した」と繰り返した。

その迫力に圧倒されたサトウサンペイは「いやいや、こちらこそ」と言うのが精一杯だったという。その後、総理大臣になった角栄から、サトウサンペイあてにパーティーの招待状が届いた。

角栄50の物語 36

官僚に働いてもらうには

昨今、政治家と官僚の関係性が議論されることが多い。政治主導を掲げて行政改革を進めた結果、むしろ副作用のほうが大きくなってしまったというありがちな結果に陥っているのが現在の日本である。

郵政省、大蔵省、通産省などいくつもの主要省庁の大臣をつとめた角栄は「エリート官僚操縦の達人」と言われた。その考え方の根本には多くの政治家と組織の上に立つ者にとって参考になるエッセンスが含まれている。

角栄の基本準備はまず「相手を知る」ところから始まる。

もともと72本もの議員立法を手がけただけあって、官僚人脈は相当にある。彼らの名前や顔はもちろんのこと、入省年度や公務員試験の席次まで頭に叩き込む。年功序列社会に生きる官僚にとって、年次とは極めて大切なものである。

万一、名前を忘れた場合はこうだ。

「キミ、えーと、名前は……」

官僚が名乗ると、大きな声でこう言う。

「違う！　それは知っとる。下の名前のほうだ」

こうして名前を思い出すことができる。この逸話については、やや尾ひれがついたものであるとの証言もあるが、いかにも角栄らしいエピソードに聞こえてくる。

それにしても、マニアックなまでに官僚情報を収集していた角栄にとって、官僚の人物像とその人間関係を知る勉強は、苦痛でもなんでもなく、むしろ興味深い作業だったに違いない。

角栄の語る「官僚像」とはこうだ。

「連中は現行法体系に縛られて身動きもままならない。先例尊重で新例を開くリスクを避ける。行動は減点主義で経歴に瑕疵(かし)がつくのも嫌う。世界に冠たるセクト主義で、他との連携については眼中にない」

よって導き出される操縦法はこうだ。

「彼らの言い分に耳を傾け、簡潔明快な方針を示すことだ。信賞必罰。えこひいきせず、誰にも胸を開き、将来を考えて身が立つよう配慮する」

重要なことは、角栄がどうしても官僚をうまく使いたいと考える、その理由だ。

政治家が自分の政策を実現するには、どうしたって官僚の協力が必要になる。いたずらに対立しても仕方がない。職責を果たすために、どうしても仲間になって動いて貰わないといけない。それが考え方の根底にある。

あの『日本列島改造論』も、官僚たちとの共同作業のなかから生まれた。ロッキード事件の被告人となってからも、角栄を信奉する霞が関の官僚たちは目白詣でを密かに続けた。互いに違いすぎる人生のバックボーンを持つ者どうしは、意外に素直に相手の長所を認めることができる。角栄の無学歴は、人心掌握に関して有効に働いた。

後の小泉政権において、角栄の長女・眞紀子が外相に就任。このとき眞紀子は、外務官僚と壮絶な暗闘を繰り広げ、彼女は閣外へ去ることになった。父・角栄の官僚操縦術は、残念ながら受け継がれていなかったことになるが、角栄のような「叩き上げ」とは違う人生を歩んできた眞紀子が、父と同じスキルを習得することは難しかったのだろう。

「やってみろ。責任はワシが取る」——大蔵大臣に就任した1962年、角栄は大蔵省の幹部を前にそう宣言してみせた。「責任は自分が取る」ということの一言を、明言できる政治家がいま、どれだけいるだろうか。

角栄50の物語

37 NHK記者が助かった話

田中角栄が事実上、総理の座を射止めたのは1972年7月のことである。佐藤栄作総理の退陣表明を受けて行われた7月5日の自民党総裁選。佐藤が後継として推す福田赳夫と角栄は激しく争ったが、第1回投票では角栄156票、福田150票と僅差（他に大平正芳が101票、三木武夫が69票）。過半数に達した候補がいなかったために角栄と福田の決選投票となり、今度は角栄282票、福田190票で勝負がついた。

もともと、事前の予想では中曽根派が田中支持に回ったことで「角栄が圧勝する」と言われていた総裁選だった。

このときの票の動きには諸説あるが、最低でも180票はいくと思われていた角栄が156票にとどまったのは、盟友の大平に票を回しすぎたためと言われている。大平としては、ここで票を積み上げ存在感を示しておけば「角栄の次」が狙えるし、角栄も自分の影響力を保持できる。

当時、総裁選の取材にあたっていたＮＨＫ政治部の多くは「角栄シンパ」で、福田を心情的に応援する記者は少数だった。その少数派の１人が、後にＮＨＫ「ニュースセンター９時」のキャスターをつとめた小浜維人（これひと）である。

当時、福田派の担当記者だった小浜は、総裁選前日の夜、福田派事務所のあった赤坂プリンスホテルの駐車場で偶然、福田とすれ違い、こう声をかけられている。

「君が田中シンパの多いＮＨＫの中で、苦労しているのはよく聞いている。だが、オレを信じろ。１５０票は必ずとれる」

小浜は局に戻り「福田が１５０票取る」と伝えると、田中シンパのデスクが焦り出した。

「本当なのか。それなら名簿を出せ」

「そんなものを出したら、直ちに漏れて田中派に巻き返される」

小浜はそう開き直ったが、福田の言葉以外、１５０票の根拠はまったくなかった。

総裁選当日、各陣営の朝食会出席者は田中派が１７５人で福田派は代理出席を含めてもわずか90人。結束力を確認する材料となる出席人数が少なかったことで、小浜は田中シンパのデスクからこう告げられた。

「よく福田が１５０票などと言えたな。この1年、何を取材してきたんだ。まあいい。次の人事でワラジを履いてもらおう」

人事異動の予告まで受けた小浜は、目の前が真っ暗になった。しかし、意外なことに第1回の投票結果、福田の得票数はまさに１５０票。最終的に、福田は決選投票で敗れたが、実際に１５０票を獲得したことで小浜は無事、定年まで記者生活を続けることができた。

一方、田中シンパのデスクは大口をたたいたことで、それ以上何も言えなくなった。盟友・大平を助けるつもりで票を回していたとされる角栄だが、ついでにひとりの取材記者も救っていたことは、本人も知らなかった話に違いない。

この総裁選のことは、角栄の秘書、佐藤昭子も印象的なできごととして覚えており、著書で「えっ、たった6票差……そんなバカな」と思ったことを告白している。

もっともこのとき、角栄が自身の後継者含みで大平を底上げしていたことは、後の政局にも大きな影響を及ぼすことになった。

角栄が「金脈報道」で退陣した後、三木武夫、福田赳夫が総理のバトンを受け継いだが、福田が密約を破り2期目の総裁選（1978年）に出馬しようとしたため、角栄・大平連合は一致団結して福田再選阻止に動く。

予備選では優勢が伝えられていた福田であったが、結果は大平が1位となり、ショックを受けた福田は「もはやこれまで」と本選挙出馬を辞退した。

「天の声にも、変な声もたまにはあるなあ」

あの有名な「天の声」発言が飛び出したのは、その本選挙出馬を辞退した直後のことであった。

角栄50の物語

38 趣味は田中角栄

角栄の政治家人生を語るにおいて、欠かせない側近のひとりが二階堂進である。

田中内閣時代に官房長官をつとめた二階堂は、文字どおり角栄の「女房役」であり、一本気な性格で「趣味は田中角栄」と公言していた田中派の大番頭だった。

角栄にとって、二階堂は特別な存在だった。それは、二階堂が数少ない「真の忠告者」であったからである。角栄より年上で、かつ剛直な鹿児島人気質を持ち合わせていた二階堂とは、何でも語り合い、ときには激しく口論することで、互いの信用を確認し合っていたのである。

角栄と二階堂が激しくやり合った有名な「事件」がある。1984年に「二階堂擁立構想」が持ち上がったとき、二階堂が角栄とサシで話をつけようとしたときのことで、「幻の山崎首班」事件などとも呼ばれている。

　1982年、鈴木善幸は中曽根康弘に政権を譲ったが、中曽根は「私が総理になったときの日米関係は9回裏二死満塁だった」などと、鈴木を批判するような発言を繰り返していた。そのとき、二階堂もロッキード事件以降、中曽根支持を崩さないキングメーカー・角栄のふるまいに少なからぬ不満を抱いていた。

　1984年、鈴木は中曽根再選を阻止すべく、二階堂を擁立し、その後宮澤喜一へ政権をつなぐシナリオを描く。このシナリオに福田赳夫や公明党、民社党も乗ったために、二階堂擁立構想は一気に現実味を帯びることになる。

　だが、長年角栄と二人三脚で歩んできた二階堂は、角栄に黙って構想を進めることはできない。同年10月、二階堂が目白に乗り込んだ。この擁立劇に乗った真意を伝えておかなければ、ただのピエロになるとの思いからである。

　ところが、待ち構えていた角栄はいきなり二階堂を冷やかした。

「ヨオッ、幻の山崎首班ッ！」

敗戦間もない1948年、第2次吉田政権を阻止するためGHQ（連合国軍最高司令官総司令部）の一部などが民主自由党幹事長、山崎猛を担いで失敗、山崎が議員辞職した事件があった。角栄はその政局を持ち出し、二階堂をからかったのである。角栄は続けた。

「おまえは水臭い。女房だと思っているのに、善幸と組んで組閣名簿までつくったそうだな」

これには二階堂も激怒した。

「そんなものはない。あんたのことを思ってやっているのに、その言い草は何だッ！」

盟友のすさまじい剣幕に、さすがの角栄も黙り込んだ。

「陰謀を巡らしているのではない。公明・民社も『田中、田中』で政局が動かないのは憂慮にたえない、と心配している。私もそうだ」

「いまはオレに任せてくれ。君とは夫婦みたいなもんじゃないか」

「あんたは中曽根再選支持と言うが、いつ派閥で討議したんだ。あんたは電話1本で右向け右と言えば、みんなハイハイと聞くと思っているが、大きな間違いだ」

「中曽根でいいじゃないか。あいつならどうにでもなるッ」

「だが、公・民は私を推し、党内にもそういう声がある。耳を傾けないわけにはいかなかった」

「何をいまさらバカな。君はロッキードで『灰色高官』などと言われているんだぞ」

「何を言うか、総理総裁になりたくて言っているのではない。今後こういうことが続くなら、あんたとは一緒にやっていけない！」

2時間にも及んだ大喧嘩は、「田中派に亀裂」と大きく報じられた。しかし、すぐ後にやってきた竹下登の「創政会」旗揚げにあたり、角栄と二階堂は再び握手し、対処に当たった。もっともその直後に角栄は倒れ、二階堂と角栄の時代は終わったのである。

角栄50の物語

39 オレには何もない

角栄の「金権」を批判した文化人やジャーナリストたちは、一様に度を超えた角栄の「金配り」を問題視した。角栄の人気や求心力とは、結局のところカネのばらまきであって、それは立派なことでも何でもないという前提である。角栄が、政治家はもちろんのこと、官僚や新聞記者などマスコミ関係者などあらゆる身近な関係者にカネを配っていたのは事実である。受け取っていたことを自分から話す人がかなりいるということは、その何十倍もの「金配り」の実態があったことだろう。

角栄が大蔵大臣時代、予算編成が一段落すると、大蔵官僚や新聞記者を東京・三田にあった第一公邸に呼び、パーティーを開いていた。別室には麻雀や花札が用意されており、記者や役人が卓を囲む。そこで角栄は後ろから役や手を見て回るのが趣味だった。

「ほほう、月見で一杯か」

そのとき、角栄はポケットから千円札を取り出すと、背後から手を出して、花札に興じる競技者の前に2、3枚ずつ置いていく。

「軍資金です。どしどし儲けて下さい」

そんな場で現金を突き返すのは野暮(やぼ)である、と少なくとも当時は思われていた。カネの渡し方については、相手のプライドを常に考えている角栄である。いまの時代、現職の大臣が少額でも堂々と現金を配ったら、その日のうちに進退問題に発展するだろうが、角栄に問題意識はなかったというのが本当のところだろう。

無論、それが後々に問題になり、ロッキード事件につながっていくことは周知の事実である。角栄に対し、カネの問題を注意した議員がいなかったわけではない。田中派の重鎮議員であった西村英一（元自民党副総裁）もそのひとりだ。

西村は、総理になった角栄が会合などにやってきた小さな子どもに「お年玉」と称して小遣いを渡している姿を見て、さすがにこう言った。

「総理が札ビラを切るなんて、みっともない。やめたほうがいい」

すると角栄は、見たこともない悲しげな表情を浮かべてこう言った。

「じいさん（西村の愛称）、あなたには学歴もある。高級官僚だった自尊心もある。だがオレには何もない。学歴のない、しがない馬喰のせがれにはこれしかないんだ」

角栄の実像が浮かび上がってくる言葉である。

角栄が死去して間もなく、長く秘書をつとめた早坂茂三は、因縁の『文藝春秋』で、「金権批判」についてこう書いている。

〈悲しいことながら草莽の臣から出発したオヤジには、そうした手段でしか栄光ある東京帝国大学の二重、三重、五重、百重の鉄壁に対抗していくことはできなかった。私がいま愛惜の念を込めて思うのは、地べたから這いずり上がってきた男の、それが限界だったんだろうと言うことです。

ただ、これだけは断言できる。オヤジにとってカネというのはいつでもフローであって決してストックではなかった。

オヤジがロッキードでやられた時、椎名悦三郎さんが、

「角さんはね、5億といううんだけど、自分のところにいつどうやって入ったのか、本当は分かってないんじゃないか。しかも、仮に入ったところで、それはすぐ出ていったんじゃないか。あの男の目の前をカネは右から左に流れているだけじゃないか」

と論評したことがある。〉

角栄の強さと弱さ、そしてある種の純心を正しく指摘した分析であろう。

角栄50の物語

40

本当に役立つもの

田中角栄は人生のなかで2度、逮捕された経験がある。

東京地検特捜部に逮捕されたロッキード事件は有名だが、最初に逮捕されたのは1948年、新人議員時代の炭鉱国管疑惑事件（後に無罪判決が確定）である。

この炭管事件のときは獄中立候補し、見事再選を果している角栄だが、政治家でありながら「拘置所通」として、演説でもしばしばネタとして使っていた。ロッキード事件で逮捕された角栄は、2億円の保釈金を積み8月に保釈されたが、入れ替わるように盟友の橋本登美三郎が特捜部に逮捕され、小菅の東京拘置所に収監された。

橋本は田中内閣時代に自民党幹事長をつとめた田中派の番頭格議員で、角栄より年齢はひと回り以上先輩とあって、何かと角栄が頼りにしていた政治家だった。

角栄の妻・はな夫人は、橋本夫人を励ますため、自宅あてに花を送った。橋本夫人からお礼の電話がかかってきたとき、電話を取ったのは他ならぬ角栄であった。

「このたびは奥様からお花を頂戴いたしまして……」

それを聞いた角栄は大きな声でこう宣言した。

「何ッ？　花ですか」

角栄自身がつい先日まで一時的な拘置所暮らしを送った身である。花を送ったのは拘置所ではなく橋本の自宅だったのだが、早とちりした角栄はこうまくし立てた。

「拘置所にいる人間に花は役に立ちません。小菅のことは私がいちばんよく知っていますから。まあこの後のことはすべて私に任せてください」

角栄はそう言って電話を切ると、差し入れ可能な食料を直接、拘置所にいる橋本登美三郎あてに大量に送った。

「あそこは酒も飲めないし、食事がうまくない。何と言ってもメシが食えなければ戦(いくさ)にならん」

後になって、東京拘置所の職員がロッキード事件の被告となった政治家たちの「塀のなか」の様子について一部雑誌の取材に応じ、記事になったことがあった。

それによれば、橋本登美三郎や佐藤孝行らは、逮捕されたにもかかわらず被疑者扱いを徹底拒否し、看守を怒鳴りつけるなどした一方で、田中角栄は若い看守が「拘置所内の禁止事項」を目の前で読み上げるなどしても、静かにそれを聞き、感情的になることはまったくなかったという。

拘置所内の角栄は、配食される無料の食事ではなく、許された上限ぎりぎりの金額の差し入れ弁当を食べていたというが、それでも濃い味付けを好む角栄には物足りなかったらしく、かなりの分量を残していたという。

また無類の暑がりとして知られた角栄は、真夏の拘置所の暑さに閉口し、獄中から法務大臣にかけ合って「アイスクリーム」を自費購入できるようにしたという「伝説」もまことしやかに伝わっているが、真偽の程は別として、いつも「飯が食えているか」を人間生活の基本に置いた角栄らしさが現れたエピソードである。

角栄は、困っている人間を放ってはおけない人間である。親しい知人や支援者が入院したと聞くと、真っ先に病院に駆けつけた。人が困ったときこそ力にならなければいけない。それができてこそ初めて政治家が存在する意味がある。それは政治家・角栄の一貫したポリシーだった。

起訴され被告となった橋本は自民党を離党したが、その後選挙には2度当選。一審で執行猶予付きの有罪判決を受けた後の1983年に政界引退を表明。裁判は最高裁まで持ち込まれたが、上告中の1990年1月、88歳で死去し、公訴は棄却されている。角栄とともに時代を生きた政治家のひとりだった。

私と田中角栄②

法廷で見た田中角栄の「殺気」 堀田力（元東京地検特捜部検事）

堀田力（ほったつとむ）　１９３４年京都府生まれ。京都大学法学部卒業後、１９６１年検事任官。１９７６年、東京地検特捜部検事としてロッキード事件を担当する。法務大臣官房長、最高検察庁検事を経て退官。１９９１年、弁護士登録。その後、公益財団法人さわやか福祉財団理事長を務めた。著書に『壁を破って進め　私記ロッキード事件』〈上・下〉（講談社文庫）ほか多数。

「大衆から愛された権力者」

ロッキード事件において、私と田中さんは検事と被告という関係でありましたが、田中さんが人間として大変魅力的な人物であったことは間違いありません。

その魅力をひとことで言えば「力の魅力」ですかね。

人間は普通、権力というものに対して、畏敬の念は持つことはあっても、好きになれるものじゃないと思うんです。それが田中さんの場合には一致していた。権力者であるはずの田中角栄という人物を、みんなが好きになった。相手を虜にしたうえで、グングンと引っ張っていく。そういう魅力が、田中角栄という人にはありましたね。普通の権力者ではなかったです。

「この人は自分を分かってくれる、活かしてくれる」という気持ちにさせるんですね。だから裏切る人はあまりいなかったし、何よりひきつける人間の幅が広かった。

政治家、エリート官僚から地元のおばちゃんたちまで、あらゆる人たちが田中角栄に心を奪われた。田中さんは権力者であったけれども、支配的、命令的な力以外の人間的魅力があったところが特徴でしたね。

学歴のなかった田中さんにどうしてエリート官僚たちがひきつけられたか。官僚は、基本のところで日本を良くしたい、いい社会にしたいという気持ちを、心のどこかに持っているんですね。田中さんは、まさにそれを第一に考えていた政治家でした。それは特に優秀な官僚にとっては強烈な魅力になるんですね。

金権政治と批判はされましたが、田中さんが国民の安全と幸せを第一に考えていたことは確かだと思う。だからこそ、官僚は田中さんを信頼したのだと思います。

田中さんの優れていた点は、官僚の論理を学んで、政治の論理だけで官僚をコントロールしようとしなかったところです。

そのために田中さんは実によく勉強していました。官僚が法案をどうつくっているか、熟知していましたね。

それから、地元のおばあちゃんに接する態度と官僚に接する態度が同じだった。偉ぶることはなかったですからね。

官僚の名前をきちんとよく覚えていました。これも政治家としては珍しいんですよ。操縦テクニックという側面もあったと思いますが、それでも「お前の仕事はよく分かっているぞ」と認められれば嬉しいですからね。相手のことを大切にする、人の心が分かる政治家でした。

公安と特捜がそれぞれ信じているもの

田中さんは人間の心をよく知る政治家であったがゆえに、その「欲望」の部分についても理解していました。

人間には誰しも「欲」がありますが、それをむき出しにすることは極力避け、理性でそれを抑えながら生きているわけです。

田中さんはその部分の努力を省略して、ズバッといってしまったところがあった。人間のありのままの姿を認めてしまったんですね。ただ、それは社会のなかで通用しない。

いま振り返って思うのは、お金をばらまかなくとも、田中さんは十分に魅力的な人だったということです。

「金権政治」に手を染めなくても、求心力はあったのです。

私はあのロッキード事件で田中さんを起訴したとき、やることはやったというほっとした気持ちと、何とも言えない虚無感がありました。少なくとも、そこに喜びはまったくありませんでしたね。

これがなければ、日本のために、田中さんはもっといろいろ力を出すことができたのではないか。私は本当にそう思っていました。

しかし、私も検事ですから、法律違反の疑いがある以上、見逃すわけにはいかない。「金権政治」に警鐘を鳴らす使命があると信じてやりましたが、あの日中国交回復を成し遂げた大政治家を起訴しなければならなかったのは、まさに「残念」としか言いようのないことでした。

公安警察の幹部からは、こう言われました。

「そんなこと（ロッキード事件捜査）をして、どうなるというんだ。与党をやったって出世しないぞ。自分の身がどうなってもいいのか」

彼らは脅しではなく、本当に心配してそう言ってくれているんですね。

公安と特捜では、同じ「良い国をつくる」という考えを持っていても、信じているものが違います。公安警察は左翼、共産主義の浸透を防いで自由国家の体制を守る。それが国づくりの基本と信じている。彼らからすれば、自由主義陣営に属する自民党の大幹部を追い詰めてどうするんだと。日本という国にとって好ましいことではない、そう考えるわけです。

しかし、特捜部のほうは、法律というものがあって、それが守られるということが民主主義を守るうえでもっとも重要なことであり、たとえ一時的に国が危うくなったとしても法律をゆるがせにはできないという考えです。

どちらも目指すところは同じでも、発想が違いますからね。私としては、クビになろうがどうなろうが自分の任務をやるしかないと。そういう気持ちでした。

東京地検特捜部に入る前、私はワシントンの日本大使館に一等書記官として出向勤務をしておりました。ウォーターゲート事件のフォローも任務のひとつでしたね。

総理だった田中さんが訪米したこともあり、その際は現地でロジスティクス（交通や雑事の手配）を任されたこともあります。そのとき、田中さんが同行する記者たちが買っていたたくさんの手土産（てみやげ）の代金を、持参した現金で払っているのを見て、私は検事の視点から、こうした行動がいつか問題になるのではないか、と感じたことがあります。

「妻の尋問要求」に対し激怒した角栄

法廷での田中さんは、圧倒的な存在感でした。田中派の議員たちを従え、弁護人を完全に支配し、普通の被告人とはまったく違いましたね。

ただ、田中さんは自分の気持ちが隠せない、すべて表に出てしまう人間的なタイプの人でしたから、田中さんが弁護団のなかで誰を信用し、誰が好きなのか、どういう裁判戦略を予定しているのか。見ていてたいへん分かりやすかった。

証拠を出し合っても、その反応を見るだけで田中さんが何を考え、どう思っているかがよく読み取れる。ただ、それは人間として共感を覚える姿でした。私は、こういうところが田中さんの魅力のひとつだったと思っています。

私は田中さんをもっとも怒らせた検事のひとりでしたが、なかでも田中さんに最大級の怒りを買ったことが、2度ありました。

ひとつは、田中さんの妻であるはなさんの供述を求めたときです。段ボール箱が自宅に運び込まれた。そのことを立証するためでしたが、あのときは過去に見たこともないほどの怒り方をしましたね。

もう1度は、他ならぬ田中角栄被告本人を尋問したいと言ったとき。私たちからすれば「応じるべきだ」という普通の感覚でしたが、このときも顔から血が噴き出すのではないかというくらい、凄まじい形相で睨みつけられました。

「このチンピラ検事が。オレに尋問するというのか」

田中さんの、その体中から発散する殺気をもし目の当たりにしたら、陣笠議員など震え上がってひれ伏すことがよく分かりますよ。それくらいの迫力でした。

やはり、家族を大切にする、人を大切にする情愛のある人でしたから、自分はともかく、家族にまで手を突っ込むかと。怒るだろうとは思っていましたが、ここまでとは思いませんでしたね。あのときの表情はいまでも忘れられません。

時代とともに変わる政治家の役割

戦後、貧しい時代に「豊かになりたい」という強烈な思いがありました。その「なり方」についてはいろいろな意見がありましたが、その「豊かになる」という強烈な思いを実現してくれる人物がリーダーに選ばれた。その代表格が田中さんだったと思います。

しかし、ある段階まで到達すると「物の豊かさ」の次の価値が問われてくる。すると、国民があるひとつの思いではまとまらなくなってくる。

その意味で、ワンイシューを掲げ、強烈なリーダーシップで牽引する時代から、たくさんの意見を集約し、うまくバランスを取る、調整するという政治に変わっていくのは必然の流れだったと思います。

だからいまの時代に田中角栄のようなタイプのカリスマ性のある政治家はなかなか出てこない。政治家の役目が変わってしまったわけですからね。

ただ、私はもし田中さんがいまの世の中にいたら、きっとうまく「調整型」の政治ができたのではないかと思います。

これだけ多岐にわたる問題を調整するには昔の何倍もの勉強が必要ですが、実は田中さんはその部分も得意としていた、勉強家でしたからね。

そして調整には「説得する力」が必要になりますが、これも田中さんは抜群でした。違う価値観の人間、ときには敵対する人間をも仲間に引き込み、ものごとを前に進める。あのロッキード裁判のときも、田中さんは嫌いな人間をも巻き込みながら法廷闘争を続けました。いまだにその包容力を上回る政治リーダーは出てきていないのではないでしょうか。

角栄が証明した「知識の意味」

田中角栄さんがいまなお根強い人気を誇っているのは、いまの日本人が見失いがちな大切な部分が田中さんの精神性にあるからだと思います。

なぜ政治家になったのか。新潟の、貧しい人たちを豊かに、幸せにしてあげたいという原点、志があの人にはあったわけですよね。

だからこそ、彼は学歴こそなかったものの、自分で勉強を重ね、それが生きた。志があったからこそ、知恵が生きているわけです。彼はその人生をもって、知識の意味を証明したわけです。

いくら学校で知識を身につけても、それだけできれば偉いのかというと本当はそうではない。志、原点がなければ、その知識も活かされないと思うんですね。

田中角栄という政治家は、あの時代だからこそ出現した時代の産物ではあったけれども、時代を超えた大切な「人間のありかた」を教えてくれていると、私は思っています。

（『人間・田中角栄』（２０１８年5月刊行）の発刊時の内容のまま掲載）

角栄50の物語

5章

角栄50の物語

41 飛び上がった鯉

1982年、鈴木善幸首相が自民党総裁選不出馬を表明し、同年11月に後継総裁を選ぶ選挙が開かれることになった。

もっとも、在任中から鈴木が中曽根康弘を後継指名していたこともあり、波乱の要素はあまりない。鈴木の意向とは、すなわち角栄の意向であることは政界の常識であったからである。

だが、ここで無謀とも思える挑戦を表明する男がいた。小派閥の中川グループを率いる中川一郎である。

1982年の夏、角栄は総裁選への出馬を考えていた中川の訪問を受け、軽井沢で「ゴルフ会談」を行っている。

中川はこのとき、自分を池の中で泳ぐ鯉になぞらえ、こう切り出した。

「鯉は池の中でじっとしてなくてはいけないんですか」

角栄は中川を叱った。

「北海道も治められないでいて、おまえは何を言うか」

「鯉は池の上に飛び上がってはいけないんですか」

「鯉は滝ものぼる。飛び上がるのもいい」

「じゃあ、飛び上がってもいいですか」

中曽根の優勢が分かっていた局面で、角栄は中川に、ここで焦って出馬して政治生命に傷をつけることはない、と忠告した。

「いいけれども、飛び上がってまた鯉が池の中に落ちるとは限らない。草むらにも落ちるし、砂利道にも落ちる。オレが通りかかればまた池のなかに戻してやるが、誰も通らなければ日干しになる。魚の日干しならまだいいが、熊の日干し（中川の異名は〝北海のヒグマ〟だった）なんていうのは誰も食わないぞ。スルメにはなるな」

だが中川は、忠告を聞き入れず飛び上がった。

中曽根のほか、河本敏夫、安倍晋太郎が出馬した総裁選予備選に立候補し、最下位敗退。そして1983年1月、中川は謎の多い自殺を遂げるのである。この時期の中川の不可解な言動は、アルコール依存症との関係性も指摘されているが、いまなお完全には解明されていない。

突然の悲報に、角栄は涙を流して中川の死を悔やんだという。

角栄は常々、若い政治家に「なりたい、なりたいというだけではダメだ」と、きつく言い渡していた。

「政治家には年季というものが必要だ。開発途上国や宗教団体なら別だけれども、政治家たる者、そんなに早く総理大臣になろうと思わないほうがいい。富士山の頂上を極めるには吉田口、御殿場口のいずれかから第一歩を踏み出し、三合目、五合目、七合目ときちんと登っていくことだ。堅実にね。無理な登り方をすればケガをする。ケガだけで済めばいいけど、命まで落としてしまっては元も子もない。何をやるにしても、実力をつけながら、じっくり進むことが大事だ」

角栄の発想は極めて実直で、政党政治の組織論の王道をいくものだった。トップに立つ人間とは、自分がなりたいと思う人ではなく、周囲から求められる存在でなければならないという思想は、政治の世界における真理であるが、それをいざ体現するとなると、案外難しい。

晩年、闇将軍と呼ばれた角栄には「権力に執着する派閥の領袖」というイメージが定着し、若い政治家の野心を諫める言葉は、自身の権力欲の裏返しととらえられがちだった。しかしその後、日本人は「宰相の軽さ」を見せ続けられている。

いま、角栄の言葉が重みを持って蘇る。

角栄50の物語 42

娘が見せた「愛」

息子を亡くした角栄にとって、実質的な跡継ぎは長女の眞紀子だった。帰ってくるなり「オー、マコスケいるか」、そしてふた言目にはいつも「お前が男だったらなあ……」という父の口癖を聞かされて育った眞紀子は、それに反発する気持ちが強かったことを、さまざまな場所で告白している。

だが1993年の衆院選で父の地盤を継いだ眞紀子はトップ当選。翌年には、1年生議員ながら異例の入閣（科学技術庁長官、村山内閣）を果たすなど、父譲りの国民的人気ぶりを証明して見せた。

眞紀子はその後、約20年間にわたり国会議員をつとめたが、政界や霞が関におけるその評判は決して芳しいものではない。

「父は偉大だったが、娘は人情のないお姫様」

「角さん最大の失敗は娘の教育」
「眞紀子さんにとって、人間とは敵か家族か使用人のどれか」
などと、ある時期からマスコミも厳しく眞紀子批判を展開するようになった。遠くから見ているだけの田中眞紀子は、歯切れの良い弁舌を繰り出す「面白い人」だが、近くで仕事をする人々は、その熱い炎に焼かれ、火傷（やけど）を負ってしまう。

　眞紀子は角栄が倒れた後、長年仕えていた秘書たちや記者、そして神楽坂に住んでいた角栄の「もうひとつの家族」といった関係者たちに対し、絶縁を通告した。そうした極端な対応は、角栄が望んでいることとは思えない、というのが周囲の一致した見方であった。

　角栄は、眞紀子を恐れているのではないかという論調もあった。あの「金脈」報道で角栄が総理を退陣した際、決め手となったのは女性問題を報じられた父に対し、眞紀子が「これ以上、家族を苦しめないで」と迫ったことだったと言われた。

だが、そうした批判があるにせよ、田中眞紀子に血も涙もない、鬼のような人物であるかのようなイメージを持つとすれば、それはおそらく間違っているだろう。

権力者である角栄に溺愛された眞紀子が、人情味に欠ける部分があることはそのとおりだろうが、父が脳梗塞で倒れてから、角栄が死去するまでの数年間の真実を、眞紀子以上に知る人物はおそらくいない。

1993年、田中眞紀子が地元・新潟で選挙戦を繰り広げたときのことである。

病身の元総理が、お国入りして娘を応援することは難しいのではないかとの見方が広まっていたが、予想に反して角栄は投票日当日に、新潟入りして支援者に顔見せすることが発表された。

眞紀子とともに、車の後部座席に乗った角栄が地元入りすると、支持者たちは嵐のような拍手で出迎えた。そのとき、角栄のもとに一杯のお茶が届けられた。おそらく本人が喉の渇きを訴えたのだろう。車の窓越しに茶が手渡されそうになったとき、すぐに眞紀子が横から手を出し、素早く茶を一口すすってから、父・角栄にそれを渡したのである。

角栄は、元気なときでも、コーヒーを匙ですくってフーフーと吹いて冷ましてから飲むような猫舌だった。もちろん病と闘う現在、熱すぎる飲み物を口にすることは、かなり危険である。眞紀子の見せたとっさの素早い判断は、常日頃から彼女が「父の介護」を人任せにせず、自らが携わっていることを如実に示した瞬間だった。

どんなに欠点の多い人間がいたとしても、その人間のすべてを否定することはできない。「できそこないを愛する」という政治を続けた角栄は、いま泉下(せんか)でこう語っているかもしれない。

「うちのじゃじゃ馬が、皆様に迷惑をおかけしたこともありました。それでも、私のかわいい娘です。いいところもありますので、どうかお許し願いたい！」

角栄50の物語

43 危ない橋を渡るとき

通産大臣に就任した角栄に、いよいよ悲願の「天下取り」が見えてきた1972年。角栄の側近秘書、麓邦明と早坂茂三の2人は、辞表を胸に角栄のもとへやってきた。麓は共同通信記者から角栄秘書に転じた人物である。

「オヤジさん、話があります」

いつになく改まった2人の態度を見て、角栄は言った。

「なんだ？　話してみろ」

「小佐野賢治さんといまのうちに手を切ってください。これから総理を目指すという折、福田赳夫は必ずこの部分を狙ってくるでしょう」

後にロッキード事件で偽証罪に問われ、逮捕されることになる政商・小佐野賢治は角栄と親密な関係で知られていた。歴代の高級官僚出身のエリート総理たちは、リスクを警戒し、ダーティーなイメージのある小佐野と付き合うことは避けていた。

しかし、角栄はおかまいなしに小佐野と盟友関係を維持している。2人は、身辺をきれいにしておかないと、ゆくゆく大きな問題になることを懸念していた。

しかし、角栄の答えはこうだった。

「心配するな」

角栄は笑った後、真顔になった。

「政治にはカネがかかる。酢だコンニャクだと理屈をこねても始まらない。池田や佐藤も危ない橋を渡ってきた。きれいごとではすまないんだ。必要なカネは、オレが血の小便を流してでもつくる。キミらはただ、それを仕事にいかしてくれ」

角栄は小佐野を切ることを拒否した。

2人は、もうひとつ角栄に進言したいことがあった。それは田中派議員から

「ママ」と呼ばれ、派閥人事にも影響を及ぼしていた金庫番・佐藤昭子の存在だった。

角栄が総理になる前に、2人の特別な関係が表面化すれば、福田に天下を奪われる。

「佐藤さんを政治の場から遠ざけてください」

しかし、角栄の返事は「ノー」だった。

「無理だ。キミたちにも分からない事情がいろいろあるんだ。まあ、キミたちの父親がとんでもない荷物を背負いこんでしまったと思ってここは諦めてくれ」

角栄が陣笠議員の時代から、二人三脚で出世街道を開拓してきた佐藤昭子。確かに、2人の関係は格好のスキャンダルに発展する可能性があり、実際、後にそうなるのだが、角栄は自身が総裁レースから脱落するリスクを十分承知したうえで、佐藤を裏切ることはしなかった。これは小佐野に対する態度とまったく同じである。

辞表を胸に直訴した以上、角栄が「ノー」と言えば、2人は「ケジメ」をつけなければならない。

角栄は2人を引きとめたが、麓は田中事務所を去った。しかし早坂は残った。麓が「キミまで辞めたらオヤジが困る」との説得を受け入れたのだった。

その後、角栄は総理大臣に就任する。しかし、事務所を去った麓のことを角栄はいつも気にかけていた。

後に麓が心筋梗塞で倒れたとき、角栄は多忙な合間を縫って真っ先に病院に駆けつけ、医師に頭を下げて麓を救うよう尽力した。

部下の「正しい直訴」を聞き入れず、政治家としてリスクのある人間関係を優先させた角栄が、後にジャーナリズムの追及を受けたことは「自業自得」であったかもしれない。だが、そうした角栄の不合理なまでの人間愛を、多くの人が支持し、是としたこともまた事実なのである。

角栄50の物語 44

戦争体験と非戦主義

身をもって先の大戦を知る田中角栄は、晩年によくこう言っていた。

「戦争を知っている世代が社会の中核にある間はいいが、戦争を知らない世代ばかりになると日本は怖いことになる」

角栄の支持者に「非戦の思想」が多いことを、独自の分析によって明らかにしたのは、ノンフィクション作家・現代史研究家の保阪正康氏である。

1983年、田中角栄のロッキード裁判一審判決が出る前のタイミングで、保阪は角栄の熱心な信者30人から、なぜ角栄を支持するのか、その「本音」を引き出す仕事に取り組んだ。

角栄の後援会組織「越山会」の機関紙に『越山』がある。そこに田中角栄を支持する投書を寄せていた30人をリストアップし、ひとりひとり話を聞いていく。当時はまだプライバシーの概念が希薄で、住所と連絡先はすぐに判明した。それらの投書はすべて実在する人物によるもので、『越山』の編集部が捏造したものはひとつもなかった。

聞き取り調査の結果、保阪は角栄の支持者を次の5つのパターンに分類した。

①田中角栄を日本の政治改革の旗手と見る者。
②世論や司法に叩かれている田中へ同情や支援をする者。
③田中を支持することによる自らの利害得失を考える者。
④戦争体験者の元兵士としての田中の戦争観に対して共鳴する者。
⑤地方の政治好きタイプで田中のイメージを利用する者。

保阪が注目したのは④のタイプが大阪を中心とした関西に多かったことだった。

近代の日本の戦争において、大本営の参謀は決して最前線に大阪の連隊兵士をつぎ込まなかったという。その理由は、状況を読んで戦場を離れたり、戦意喪失して捕虜になる確率が高いと言われていたからである。

角栄の著書や、実際の経歴に触れると、「戦争などでまともに戦うのはばからしい」「何とかうまく軍を抜け出して生きるべきだ」という戦争嫌いの思想が読み取れる。

ある元兵士は保阪にこう語ったという。

「田中さんは軍隊のタテマエ主義に飽き飽きしていた。こんなところで死んでたまるか、と思った我々と同じ立場だということが分かる。だから私は彼を支持しているんだよ。田中こそ、本当の非戦主義者だ」

保阪はこうした聞き取りを通じ、角栄と同世代の元兵士たちにとって、「非戦の思想」こそ、支持者がもっとも角栄に共感できるポイントのひとつなのではないかと分析したのである。

ほとんどの庶民は、戦争に勝つことよりも、日々の平凡な暮らしを大切にしたいと思っている。保阪はそれを「良質の感性」と表現する。金権政治にはっいていけないという思いがあるにせよ、近代日本の歴史総体に不満や不安を持つ層が、角栄の支持基盤になっているのではないか。そのことは、保守の側からの平和主義を唱え続け、国民の実生活を重んじた角栄の政治思想と矛盾なく重なってくる。

最近になって、田中角栄が再評価された理由のひとつに、現在の日本の政治状況に対するひとつのアンチテーゼを指摘する評論家も多い。「戦争体験者がこの世から消え去り、それが歴史上のできごととなったとき、日本は怖いことになる」――角栄の予言が、悪い意味で的中しないことを祈るばかりである。

角栄50の物語 45

「文化勲章」と昭和天皇

文化勲章とは、戦前の1937年に制定された勲章である。「(科学技術や芸術などの)我が国の文化の発達に関して顕著な功績のあった者」に授与されるもので、過去430人強の研究者や作家、芸術家が受章している。

1977年、福田赳夫政権時に「国民栄誉賞」が設立される前まで、文化勲章は最高の権威とされてきた。国民栄誉賞と文化勲章のどちらが上かという議論は、そもそも性格が違うものなので答えはないが、ひとつ言えることは、文化勲章の審査は国民栄誉賞と比べ、非常に厳格であるということである。

文化勲章の選考委員会は文部科学省内に設置されているが、自薦他薦があり、政治家の関与もしばしばあったことで知られている。

佐藤栄作が首相時代、昵懇(じっこん)の関係にあった鹿島守之助氏に文化勲章を取らせようとしたことがあった。

鹿島は元外交官で、戦後参議院議員、鹿島建設会長をつとめた人物。日本学士院賞、勲一等瑞宝章などを受章していたが、やはりその上の文化勲章が欲しかったらしい。

佐藤には、文化勲章を独断で授与した「前例」があった。1969年、人類初の月面着陸を果たした米国の3人の宇宙飛行士が来日した際、独断で授与を決定したのである。人類史に残る偉業とはいえ、日本の勲章を外国人に贈るという判断には疑問や批判の声が各方面から上がった。そんな経緯もあって、鹿島については、選考委員会に押し込むところにとどめていたわけである。

しかし、時の首相のプッシュにもかかわらず、鹿島に文化勲章は出なかった。佐藤栄作はあきらめず、後継の角栄に「引き続き、鹿島の文化勲章を頼む」と依頼した。

角栄はさっそく、奥野誠亮(せいすけ)文相（当時）にせっつくが、それでもなかなか役所が動かない。不思議に思った角栄が奥野をつかまえて聞いた。

「文化勲章の件はどうなってるんだ?」

「あれは、宮内庁が壁になって抵抗しているようです」

角栄は、側近の後藤田正晴官房副長官を、当時の宮内庁長官であった宇佐美毅のもとへ派遣した。宇佐美は内務省出身で25年もの間、宮内庁長官をつとめた。後藤田は内務省での後輩にあたる。

「鹿島さんの件、何とかなりませんか」

後藤田の問い合わせに、宇佐美はこう断言した。

「それはできない」

「なぜですか」

「かつて〝砂防の父〟と呼ばれた赤木正雄さんの授与の決裁をお願いしたとき、陛下からは決裁をしていただいたが、そのときこう言われた。『文化勲章というのは、家が貧しくて研究費も足りない、にもかかわらず生涯を文化や科学技術発展のために尽くした、そういう者を表彰するのが本来のやり方ではないのか』と。後藤田君、そういうことなんだよ」

赤木正雄は旧内務官僚の農学博士で、戦後は参議院議員もつとめた。鹿島は外交官出身で、やはり元参議院議員、大企業経営者でもある。少なくとも経済的なハンディはなく、昭和天皇が示したひとつの枠とは遠い場所に立つ人物だ。

後藤田は、宇佐美の説明を角栄に報告した。すると角栄は、瞬時にこう答えた。

「よく分かった。これはもういい。ご苦労だった」

角栄はあっさりと引き下がった。角栄自身、貧家に生まれながら、一国の宰相にまで駆け上がった人物の代表である。その趣旨には、共感できるものがあったに違いない。

角栄50の物語

46 オールドパー物語

角栄が愛した酒としてあまりに有名なのが、高級スコッチウイスキーのオールドパーである。角ばったビンを横に傾けると、「トクトク……」と軽快な音とともに褐色のウイスキーの芳醇な香りが広がる。

150歳以上生きたとされるイギリスの長寿者トーマス・パーにちなんだネーミングで、初めて日本にこの酒を持ち帰ったのは、明治の初期に特命全権大使として欧米を視察した岩倉具視と言われている。

角栄はこれを、ほぼストレートに近い濃さで飲むのが好きで、目白を訪れる田中派議員や番記者、大切な客などにもこの酒が用意された。ストレートでない場合は栄養ドリンクで割って飲むこともある。特に倒れる直前の数週間は、1日でボトル2本を1人で空けていたという。

角栄と辻和子の間に生まれた息子・田中京氏は一時期、銀座でバーを経営していたが、そこでもやはり「定番」は角栄ゆかりのオールドパーであった。

新潟生まれで日本酒が似合いそうな角栄が、いつからこのウイスキーを好むようになったのか。それには諸説あるが、ここでは角栄の古い番記者たちにもっとも信じられている「吉田茂説」を紹介する。

角栄が池田内閣で蔵相をつとめていた1963年ごろ、角栄は政界の大御所だった吉田茂に会いたいと願い、佐藤栄作に仲介を頼む。角栄を「山猿」と呼んでいた吉田であったが、面会の許可が出ると角栄は良寛の書を持参し、神奈川県大磯の吉田邸へ向かった。

良寛の書を広げて見せた角栄。だが、吉田はこう聞く。

「本物か」

「値段からみて本物かと」

すると、吉田は意地悪な言葉を返した。

「本物でもお前が持てば偽物になる。偽物でも俺が持てば本物になるんだよ」

だが、吉田は角栄に酒をふるまった。

「まあ、飲め」

吉田は自分がもっとも気に入っているオールドパーを角栄にすすめた。角栄は、戻ると佐藤栄作に語った。

「良寛の書は召し上げられてしまった。そのかわり、白ひげのじいさんのラベルを貼った洋酒が出てきた」

佐藤はこう言った。

「それなら大丈夫だ。お前は気に入られたようだ」

伝説の政治家が愛した酒の甘美な味は、角栄を虜にした。それ以来、角栄の酒はオールドパー一辺倒になったというのである。

角栄はなぜ「大磯」（吉田茂）との面会を望んだのか。それは池田の「次の次」、すなわち佐藤栄作の次の総理を目指す猟官運動の一環でもあっただろうし、伝説の政治家に何かを学びたかったという、純粋な向学心からであったかもしれない。

その後、角栄はよく「なぜオールドパーなのですか?」とよく聞かれるようになったが、決して「吉田茂先生に影響されて……」などと語ったことはなかった。

「孫におじいちゃんと言われるのがいやで、オールドパパと呼ばせた。そこからオールドパーに走った」

そんな説明をしていたこともあったが、おそらくそれは角栄の照れ隠しであったのだろう。現在はお手軽な価格で「角栄の愛した酒」を楽しむことができる。

角栄50の物語

47 「五五の角」

角栄の趣味のひとつに「将棋」があった。腕前は正直言ってヘボ将棋の類であったとされるが、指すこと自体は大好きで、よく事務所で秘書や記者を相手に将棋に熱中した。

せっかちな性格を物語るように一手1秒の超早指し。詰ますことより持ち駒を増やすことが好きで、しかも取った駒を相手に見せず、手の中でジャラジャラ……。カラオケも村田英雄の「王将」が得意である。

ちなみに囲碁のほうはルールもあやふやといったところで、碁盤の線の交点に打つべき石を、まるで将棋のように「マス目のなか」に打ってしまったこともある。

角栄が将棋を好んだのは、ひとえに早指しですぐに勝負がつくからである。

名前に「角」がつくことから、1972年の総裁選出馬時には当時名人だった中原誠が「五五角」と揮毫した扇子を贈ったこともある。

将棋盤において「五五」（棋譜の表記では「5五」）とは、盤の中央のマスを指す。「中央に角栄が座れば、四方に睨みを利かせることができる」という意味にもつながるうえ、「GoGo角」と読めば縁起もいい。

ロッキード事件が起きてから数年が経過したときのこと。軽井沢の別荘で、山東昭子（参議院議員）と将棋を指した際、気合の乗った角栄はこんなことまで口にした。

「ヨシ、これは勝負だ。君が勝ったら次の選挙は全部、俺が面倒を見る！」

勝っても負けても面倒は見ていたと思うのだが、こうした勝負事につい本気を出すのが角栄である。

勝負は接戦になったが、まさに山東が持ち駒の「角」を打つ場所を誤り、角栄が辛勝。その将棋をすぐそばで見ていたのが、角栄の将棋の師匠、プロ棋士の芹沢博文九段だった。

「この勝負は非常に面白い。棋譜をどこかの雑誌に掲載したらどうですか。元総理の棋譜なら将棋界にとっても大きな宣伝になる」

芹沢が大手出版社の講談社に企画を打診すると、編集部も「それは面白い」と敏感に反応。角栄も「かまわん。写真が必要ならいつでも撮りに来い」と前向きだった。

だがこのときは、講談社が発行する雑誌と田中事務所とがロッキード事件報道で揉めていることが分かり、棋譜の掲載は幻に終わってしまったという。

日本将棋連盟の会長をつとめたこともある原田泰夫九段に対して、無謀にも平手（ひらて）で挑んだこともある。原田は角栄の5歳年下だが、同じ新潟県出身であったことから深い人間関係にあった。

角栄の戦法は、たいてい急戦の棒銀で、とにかく相手を攻める猛攻型。本人は勝つつもりで指しているのだが、プロにかなうはずもない。それでも原田は、人気政治家である角栄の顔を立ててうまく接戦になるよう手加減しているのだが、それを埋解していない角栄は意外に形勢よしと感じたのか、こう騒ぎ出した。

「おい、その辺に記者がいるだろう。もうすぐワシが将棋連盟の会長に勝ちそうだ。明日の朝刊の1面でいけるだろう」

もちろん、最後はあっさりひねられてしまった角栄だが、最終的に日本将棋連盟からは「名誉六段」というアマチュアとして最高の免状を贈られている。

棋風そのままに、昭和の政界を疾風のように駆け抜けた角栄。将棋盤は、権力闘争に疲れた角栄を癒やしてくれた相棒のひとりだったのだろう。

脳梗塞に倒れ、リハビリ生活を余儀なくされるようになってからも、角栄は孫としばしば将棋を指すことがあったという。盤の中央に「角」を打つ、角栄の得意げな表情が浮かんでくるようである。

角栄50の物語

48

角栄を追ったカメラマン

角栄は、多くの人間の「人生の道筋」をつけた人物であったが、その巨大な引力によって「道筋をつけられてしまった」人間も多数いる。

角栄の「金権政治」を最初に暴いたジャーナリストの立花隆は、角栄が死去した際、20年間にわたり田中角栄という人間を書くために貴重な時間を費やしてしまったことに対する「後悔の念」を明かしている。

人間の考えはいろいろだが、角栄という人間に出会えて心から良かったという人もいれば、立花のように、角栄に出会ってしまったおかげで巨大な渦に巻き込まれ、他にあり得たかもしれない別の人生に思いを馳せる人もいるのである。

数々の雑誌でスクープ写真を発表してきたカメラマンの福田文昭もまた、角栄によって人生を決定付けられた取材者のひとりだった。福田は1946年生まれ。1982年、創刊間もない写真週刊誌『フォーカス』誌上で、ロッキード裁判のため出廷した角栄を法廷内で盗撮し、それを発表したことで有名になった。

法廷内写真は賛否両論あったものの、福田はその後も角栄を追い続け、「角栄の法廷内写真を撮った男」という名前がどこまでもついて回った。

1993年12月に角栄が死去した際、ニュースを聞いた福田は急いで目白の私邸前に駆けつけた。すでに集まっていた報道陣や野次馬（やじうま）の様子を撮影すると、今度はフィルムを入れ換えて邸内にレンズを向けた。

そのとき、不思議なことが起きる。突然、カメラが故障し、シャッターが下りなくなったのである。長年カメラマンを続けてきた福田にとって初めてのアクシデントだった。

そのとき、福田は直感的にこう思ったという。

「これは、被写体が撮影を拒否しているんだ。もう、撮影はここでやめよう……」

福田の脳裏をよぎったものは、最後に角栄を見たときのことだった。

1993年の元旦のこと。福田は目白の自宅前で張り込んでいたが、かつては正月ともなれば数千人が訪れた「権力の館」を訪れる政治家はまばらで、渡辺美智雄夫妻や羽田孜夫妻などが訪れたものの、いずれも門前払い。午後になると、ほとんどやってくる人もいなくなった。

「今日はもう帰るか……」

福田が帰り支度を始めた瞬間、突然門が開いて、なかから角栄と夫人の乗ったベンツが出てきたのである。

福田は慌てて車で後をつけた。すると角栄を乗せたベンツは飯田橋、九段下を抜け新木場に近い若洲橋の上で停車した。そこはゴルフ場がよく見える場所だった。

再び発進した車は、永田町、国会議事堂周辺をゆっくりと通過しながら目白に戻っていった。福田は、角栄が「思い出の地」と思われるいろいろな場所を、人知れずこうしてゆっくりと見ることを楽しみにしているのではないかと感じたのである。

前出の立花や福田は、雑誌ジャーナリズムの歴史にひとつの足跡（そくせき）を残したジャーナリスト、カメラマンであるが、共通するのはその代表作が「角栄」であったことである。

主義主張の是非は置くとして、角栄が君臨した時代がそこにあり、それと真っ正面から向き合ったからこそ、同時代を生きる人々からの大きな反響があり、結果として彼らは知名度と一定の評価を得た。それは間違いのないことである。

角栄は生前、こう語っていた。

「なあに、記者は悪く書くのが仕事。政治家は悪く書かれるのが仕事だ。カメラの連中だって、俺の写真が撮れなければ食えないだろう。そんなことは放っておけばいい」

角栄50の物語

49 李香蘭との電話

政治家・田中角栄が、日中国交正常化という実績を生涯、誇りに思っていたことは疑いようがない。

脳梗塞に倒れた後も、中国の要人たちと面会し、訪中も実現させている角栄。おそらく、古き良き思い出に触れることが、病魔と闘っていた本人にとっても最高のリハビリとなっていたのであろう。

角栄とゆかりの深い政治家のひとりに山口淑子（本名・大鷹淑子）がいる。山口は1920年、中国・撫順育ち。第二次大戦中は「李香蘭」、敗戦後は「山口淑子」として活躍した国際女優。田中角栄が総理大臣時代の1974年、参議院選挙に自民党公認候補として出馬し初当選。角栄自身に口説かれて政界入りした山口は以降、3期18年参議院議員をつとめ、1992年に政界を引退した。

１９７２年に日中国交正常化を成し遂げた角栄にとって、戦前から戦後という激動の時代に、日本と中国という２つの国の狭間に生きた山口は、まさに両国の架け橋となり得る人材に映ったはずである。

実際、角栄は同世代である山口淑子、いや李香蘭の「ファン」だった。

角栄がまだ総理に就任する前、山口のところに突然、電話がかかってきた。

「李香蘭、田中ですが、元気かね？」

「はい。元気です」

「実はいま、あなたのファンだという人と飲んでいる。いますぐ来なさい」

角栄は映画談議に花を咲かせていたのだろうか。

「先生、いまどちらですか」

「長岡だ」

山口は仰天した。いまから新潟の長岡に来いというのか。

「心配はいらない。すぐにヘリコプターを手配する」

このときはさすがに長岡まで駆けつけられなかった山口だが、田中家との親交は深く、長女の眞紀子とも親しく話す関係はその後も長く続いた。

1993年9月、体調の悪化が伝えられていた角栄を心配し、山口は眞紀子と電話で話していた。電話を切ろうとしたとき、眞紀子が慌てて言った。

「ちょっと待って！　お父さんが話がしたいと言ってるから……」

電話口に角栄が出た。すでに会話が難しくなっているという噂のあった角栄だったが、意外にもその声ははっきりと、力強いものだった。

「やあ……元気か。どうしてる？」

山口は、角栄を「総理」と呼んだ。

「総理……私は元気です。どうかお体を大切に……」

これが山口と角栄の最後の会話となった。直後、東京・信濃町の慶應義塾大学病院に入院した角栄は12月16日、帰らぬ人となった。

多くの弔問客は、奥に安置されている角栄の遺体や眞紀子に会うことはできなかったが、山口が弔問に駆けつけたとき、眞紀子は飛びつくように山口のもとに駆け寄ると、声を絞り出した。

「びっくりした……私たちもまさか、父が死ぬなんてと思った」

病床の角栄が最後に話したかった人――そのひとりが李香蘭こと山口淑子だった。

数奇な運命を生きた山口は、角栄の死去から21年が経過した2014年、94歳の生涯に幕を下ろした。

角栄50の物語

50 心に残る伝説の弔辞

角栄と親しい新聞記者は数多くいたが、「角栄の分身」とまで言われるほど食い込んだ人間はそう多くはない。

読売新聞政治部記者として角栄と知り合い、その後、政治評論家として独立した戸川猪佐武（いさむ）（1923年生まれ）は、角栄と田中派のいわばスポークスマン的な役割を果たした根っからの角栄シンパであった。

戸川の姿勢は決して万人に評価されるものではなかった。著書の『小説吉田学校』はベストセラーになったが、角栄に対し不都合なことは一切書かないという徹底した姿勢は、ジャーナリストとして認められないと考える人が多かったのも事実である。

しかし角栄は、生涯戸川を守り、蜜月の関係を維持した。角栄にとって、言説にジャーナリズムがあるかないかは二の次だったのである。

その戸川は1983年3月、59歳の若さで死去した。死因は隠されていたが、後に女性とホテルにいたところ「腹上死」したことが週刊誌などで報道された。

角栄は戸川の急死に心を痛め、「弔辞はどうしても自分が読む」と主張した。だが、こうした場合に弔辞の原稿を用意するのは、政治家に通じた番記者たちである。

普通であれば、戸川の古巣である読売新聞政治部記者が担当するところだが、このとき角栄用の「弔辞ゴーストライター」をつとめたのは、ライバルの毎日新聞記者で、生前、戸川氏にかわいがられていた牧太郎だった。

「角さんなら、友にどんな言葉をかけるのか……」

牧は考えながら、こんな一節を挿入した。

「福田赳夫君と総裁選を争ったとき、君はジャーナリストの立場にありながら、僕を応援してくれた」

本来、中立的な立場であるはずの戸川が、新聞記者の矩（のり）を越えて、角栄を応

援した――それは事実であった。しかし、それを述べることは、戸川がジャー

ナリストとして失格だったという印象を与えることにもつながる。牧は迷った

が、事実に違いないと思い、原稿はそのまま残した。

青山葬儀所で葬儀が始まった。選挙における演説ではアドリブの多い角栄だ

が、牧の原稿に違和感がなかったのだろう、角栄は意外にも「下書き」どおり、

静かな調子で弔辞を読み上げていく。

だが、だんだんと角栄の声が大きくなり、情感がこもってきたところで「福

田君の～」のくだりにさしかかった。

すると角栄は一段と大きな声で、下書きから目を離し、こう叫んだのである。

「君は、汗まみれになったワイシャツ姿の僕の背中を抱くようにして、懸命に

僕を応援してくれた！」

角栄はとっさの判断で牧の原稿を却下し、自分自身の思いをそこで初めて述

べたのである。あの総裁選の夏、暑さと興奮で、汗かきの角栄のシャツは確か

に濡れていた。すぐさま「あの日」のことをイメージしたのだろうか――見事

なまでの「アドリブ切り替え」に、牧は改めて角栄の胆力を感じ取った。

メモを読み上げるだけしかできない政治リーダーは、見ていて何の魅力も感じられない。自らの言葉で、自らの思いを発信するということは、政治家にとって最低限必要な能力である。

角栄が残したさまざまな演説をいま読み返してみると、官僚がつくったような「答弁」はただのひとつもなく、すべてが内面からの自然な発露であることに気づかされる。それは、角栄に政治家としての確固たる「原点」があったことを雄弁に物語っている。

戦後最大の宰相 田中角栄年譜

西暦	年齢	事歴	主な出来事
1918年	0歳	新潟県刈羽郡二田村大字坂田に、父・角次、母・フメの次男として生まれる。父・角次がさまざまな事業に手を出し失敗し、極貧生活を余儀なくされる。	米騒動起こる。第一次世界大戦の休戦協定。
1933年	15歳	二田尋常高等小学校高等科を卒業。新潮社の新雑誌『日の出』の懸賞小説に応募。佳作に選ばれて5円の賞金をもらう。	作家・小林多喜二が逮捕され虐殺される。
1934年	16歳	上京。大河内正敏子爵(理研コンツェルン創始者)を頼ろうとしたが面会できず、井上工業東京支店に住み込む。後に雑誌『保険評論』の見習い記者に転職。夜は私立中央工学校土木科で学ぶ。	室戸台風上陸。

年	年齢	出来事	社会
1936年	18歳	中央工学校土木科を卒業。	2・26事件発生。
1937年	19歳	複数の建築事務所を経て、「共栄建築事務所」を設立。	日中戦争始まる(盧溝橋事件)。
1939年	21歳	応召。北満州にて兵役に就く。妹・ユキ江死亡の知らせを受ける。	第二次世界大戦勃発。
1941年	23歳	クルップス肺炎により、内地に送還。大阪日赤病院に収容される。10月に退院とともに除隊。「田中建築事務所」を開設(東京・飯田橋)。事務所の家主の娘にして後の妻・坂本はなと出会う。	太平洋戦争始まる。
1942年	24歳	坂本はなと結婚。長男・正法が生まれる(1947年、5歳で死亡)。	ミッドウェー海戦。
1943年	25歳	「田中土建工業株式会社」設立。当年度の年間施行実績全国50位内にランクインした。	東京都政施行。

年	年齢	出来事	社会の動き
1945年	27歳	朝鮮での工場移転工事を請け負い、渡鮮。終戦を朝鮮で迎え、帰国。進歩党への300万（諸説あり）円献金を承諾。同党の大麻唯男から出馬を勧められる。	ポツダム宣言受諾、終戦。
1946年	28歳	第22回総選挙。進歩党公認で立候補に踏み切る（新潟2区）。「群馬県境の三国峠を切り崩せば季節風は関東に抜けて、新潟のみんなが大雪に苦しむことはなくなる」と、「雪をなくす」を公約の一つに掲げた。37人中11位で落選。	公職追放令公布。吉田茂が日本自由党総裁を受託。
1947年	29歳	第23回総選挙に民主党から立候補し、12人中3位で当選（新潟3区）。衆院国土計画委員となる。臨時石炭鉱業管理法案に反対し、民主党を離党。同志クラブを結成。	日本国憲法施行。
1948年	30歳	民主自由党結成。選挙部長、新潟県支部幹事長に就任。第2次吉田茂内閣発足。法務政務次官に就任。炭鉱国管疑惑により逮捕。	大韓民国樹立宣言。

年	年齢	田中角栄の出来事	社会の出来事
1949年	31歳	第24回総選挙に獄中から立候補し再選。	中華人民共和国成立。
1950年	32歳	建築士法案を提出。自身も一級建築士資格を取得。長岡鉄道（現越後交通）社長に就任。これに伴い、田中土建工業は閉鎖。	朝鮮戦争勃発。
1951年	33歳	炭鉱国管疑惑に対し、無罪判決が下る。	サンフランシスコ講和条約調印。
1952年	34歳	第25回総選挙で1位当選。	ヘルシンキ五輪に日本参加。
1953年	35歳	中央工学校の校長に就任（1972年に退任）。第26回総選挙で当選。	「バカヤロー」解散。
1954年	36歳	自由党副幹事長に就任。	第五福竜丸がビキニで被爆。
1955年	37歳	第27回総選挙で2位当選。	自由民主党が誕生。
1956年	38歳	娘を池田勇人の甥に嫁がせる。	日本、国際連合に加盟。

年	年齢	出来事	世の中の出来事
1957年	39歳	第1次岸信介内閣の郵政相に就任。戦後初の30代（39歳）での大臣就任となり、テレビ局と新聞社の統合系列化を推進した。	ロッテが「グリーンガム」発売。長嶋茂雄の巨人入団が決定。
1958年	40歳	第28回総選挙で1位当選。	東京タワー公開開始。
1959年	41歳	自民党副幹事長に就任。	安保闘争が激化。
1960年	42歳	中越自動車株式会社社長に就任。越後交通株式会社（旧・長岡鉄道）社長に就任。第29回総選挙で1位当選。	日米新安保条約発効。
1961年	43歳	自民党政務調査会長に就任。日本電建株式会社社長に就任。	ガガーリンが宇宙飛行に成功。
1962年	44歳	第2次池田勇人内閣で大蔵大臣就任。	女優マリリン・モンロー急死。
1963年	45歳	第30回総選挙で1位当選。	ケネディ大統領暗殺される。

年	年齢	出来事	世相
1964年	46歳	父の角次死去（享年78）。	東京オリンピック開幕。
1965年	47歳	自民党幹事長に就任（蔵相は辞任）。	米軍の北ベトナム空爆開始。
1966年	48歳	自民党に起こった「黒い霧事件」の責任を取る形で自民党幹事長を辞任。	袴田事件が発生。ビートルズが初来日。
1967年	49歳	自民党都市政策調査会長に就任。第31回総選挙で1位当選。	「オールナイトニッポン」放送開始。
1968年	50歳	自身がまとめた「都市政策大綱」が自民党総務会で了承される。自民党幹事長に復帰。	3億円事件発生。
1969年	51歳	長女・眞紀子が、鈴木直人元衆議院議員の三男・直紀と結婚。直紀は田中姓を名乗る。第32回総選挙で1位当選。	東大安田講堂事件。アポロ11号が月面に着陸。
1971年	53歳	第9回参院選で自民党が議員数を減らし、幹事長を辞任。通産相就任、日米繊維交渉が決着。	江夏がオールスターで9連続奪三振記録を樹立。

年	年齢	出来事	社会の出来事
1972年	54歳	佐藤派から分離独立する形で、田中系議員が旗揚げ。『日本列島改造論』を発表。佐藤首相が引退、第64代内閣総理大臣に指名される。新潟県出身者として初の首相。ハワイでニクソン大統領と会談。9月、日中国交正常化を果たす。第33回総選挙で1位当選。	あさま山荘事件。札幌冬季五輪開幕。沖縄返還。
1973年	55歳	地価や物価が急上昇（狂乱物価）。小選挙区制度導入を撤回。日ソ共同声明発表。福田赳夫を蔵相に起用。	金大中事件発生。円が変動相場制に移行。第1次オイルショック。
1974年	56歳	第10回参議院選挙で自民党大敗。『文藝春秋』に「田中角栄研究」が掲載される。外国特派員協会で会見し、金脈問題について追及される。11月に辞意表明、12月に田中内閣総辞職。三木武夫内閣が発足。電源三法を成立させる。	ユリ・ゲラー来日。佐藤栄作元首相にノーベル平和賞。長嶋茂雄が引退を表明。

年	年齢	田中角栄	世の中
1976年	58歳	ロッキード事件表面化。7月、外為法違反の疑いで東京地検特捜部に逮捕される。自民党を離党、その後保釈金2億円で保釈される。第34回総選挙で1位当選。福田赳夫内閣発足。	児玉誉士夫邸にセスナ機が墜落。毛沢東死去。
1977年	59歳	ロッキード事件丸紅ルート初公判。田中自身は容疑を全面否認。田中派「七日会」解散。	青酸コーラ事件。エルビス・プレスリー急死。
1978年	60歳	母・フメ死去。享年86。鄧小平来日、目白の田中邸を訪問。福田赳夫内閣が総辞職し大平内閣発足。〝角影内閣〟と呼ばれる。	日中平和友好条約調印。
1979年	61歳	ダグラス・グラマン航空機疑惑が新たに浮上し、衆参両院のロッキード問題特別委が、航空機輸入調査特別委に改称。第35回総選挙で1位当選、自民党は大敗。	ソ連がアフガニスタンに侵攻。

年	年齢	出来事	世相
1980年	62歳	大平正芳首相急死。遺体のもとに駆けつけた角栄は「まさしく殉職だ」と涙を流した。鈴木善幸内閣発足。第36回総選挙で1位当選、自民党も圧勝。	日本がモスクワ五輪ボイコット。ジョン・レノン射殺。
1981年	63歳	『文藝春秋』にインタビュー記事掲載。総理復活への質問に、「考えたこともない。なろうとしてなれるものじゃない」。ロッキード事件丸紅ルート公判で、榎本敏夫の元夫人、三恵子が夫のアリバイを崩す証言。「ハチの一刺し」として有名になる。二階堂進が自民党幹事長に。	レーガン大統領就任。
1982年	64歳	上越新幹線（大宮―新潟）が開通。角栄は新幹線で新潟入りし、「これで新潟の産業は力を持つ。生産力は5倍、10倍に増えるだろう」。中曽根政権発足。田中派から6人が入閣し「田中曽根内閣」と揶揄される。	ホテルニュージャパン火災。500円硬貨発行。

年	年齢	出来事	社会
1983年	65歳	前年自民党総裁選に立候補していた中川一郎議員が自殺。遺体のもとに駆けつけた角栄は、「バカヤロー、俺よりなんで先に死んだ！」と号泣した。ロッキード事件で有罪判決（懲役４年、追徴金５億円）。第37回総選挙で１位当選。	東京ディズニーランドオープン。
1984年	66歳	田中派総会に出席し、中曽根内閣への協力を明言。田中派（木曜クラブ）自体は総裁候補を出していなかったが、田中は「われわれが本流。カゴを担ぐ人のわらじを作っているのが諸君であり、私は敬意を表する」と呼びかけた。	グリコ・森永事件発生。
1985年	67歳	目白の田中邸での新年会の挨拶。「沈黙は金なり。長いあいさつをするバカはいない。謹賀新年、正月元旦。これだけ」。２月、脳梗塞に倒れ東京逓信病院に入院。個人事務所が閉鎖される。	プラザ合意。「ロス疑惑」の三浦和義逮捕。

年	年齢	出来事	世相
1986年	68歳	第38回総選挙で1位当選。17万9062票を集めたが、角栄自身は選挙運動がまったく行えず、支持者たちによる選挙活動に。なお、田中は4年近くの任期中、一度も登院できなかった。自民党も圧勝。毎日新聞が「車椅子の田中角栄」をスクープ。	チェルノブイリ原発事故。アイドル・岡田有希子が自殺。
1987年	69歳	新年会に訪れた竹下登を門前払い。出版社・山手書房が倒産。「田中角栄は死なず」「君は田中角栄になれるか」などの田中角栄シリーズで人気を博した。ロッキード裁判控訴棄却。西山町を訪問。竹下登が経世会を旗揚げ。竹下内閣発足。	朝日新聞阪神支局襲撃事件。石原裕次郎死去。
1989年	71歳	政界引退が、田中眞紀子の婿・直紀氏から発表される。「顧みて我が政治生活にいささかの悔いもなし」との声明文が読み上げられた。勤続43年、当選16回。	昭和天皇崩御。消費税施行。

年	年齢	出来事	世相
1990年	72歳	海部俊樹首相が衆議院解散。正式に政界引退。新潟県越山会が県選管に解散届けを提出し、解散。前後して各地の越山会も解散している。	勝新太郎が麻薬所持容疑で逮捕。
1992年	74歳	中国の江沢民総書記が目白の田中邸を訪問。日中国交回復20周年で招待され訪中する。	尾崎豊死去。
1993年	75歳	第40回総選挙で娘の田中眞紀子が1位当選。角栄自身も新潟入りし応援活動。翌日は当選のお礼に車で地元を回る。新宿区の慶應義塾大学病院に転院。12月16日、午後2時4分、慶應義塾大学病院で死去。享年75。死因は甲状せん機能障害に肺炎の併発。戒名は政覚院殿越山徳栄大居士。墓所は新潟県柏崎市(旧西山町)田中邸内。ロッキード事件は上告審の審理途中で公訴棄却となった。	皇太子さま・雅子妃が結婚。 Jリーグが開幕。

主要参考文献

『私の履歴書』田中角栄・日本経済新聞社／『日本列島改造論』田中角栄・日刊工業新聞社／『わたくしの少年時代』田中角栄・講談社／『私の田中角栄日記』佐藤昭子・新潮社／『田中角榮』佐藤昭子・経済界／『熱情　田中角栄をとりこにした芸者』辻和子・講談社／『絆　父・田中角栄の熱い手』田中京・扶桑社／『昭　田中角栄と生きた女』佐藤あつ子・講談社／『オヤジとわたし』早坂茂三・集英社／『早坂茂三の「田中角栄」回想録』早坂茂三・小学館／『政治家　田中角栄』早坂茂三・中央公論社／『オヤジの知恵』早坂茂三・集英社インターナショナル／『オヤジの遺言』早坂茂三・集英社インターナショナル／『角栄のお庭番　朝賀昭』中澤雄大・講談社／『人間田中角栄』馬弓良彦・ダイヤモンド社／『戦場の田中角栄』馬弓良彦・毎日ワンズ／『田中角栄研究全記録』〈上・下〉立花隆・講談社文庫／『田中角栄

全記録』山本皓一・集英社／『田中角栄』早野透・中公新書／『田中角栄政治の天才』岩見隆夫・学陽書房／『田中角栄秘録』大下英治・イースト・プレス／『壁を破って進め　私記ロッキード事件』〈上・下〉堀田力・講談社文庫／『ザ・越山会』新潟日報社編・新潟日報事業社出版部／『宰相田中角栄の真実』新潟日報報道部編・新潟日報事業社／『田中角栄に訊け！　決断と実行の名言録』後藤謙次・プレジデント社／『私の中の田中角榮』田中角榮記念館編・海竜社

知れば知るほど泣ける田中角栄

（しればしるほどなけるたなかかくえい）

2023年8月18日　第1刷発行

編　者　別冊宝島編集部

発行人　蓮見清一

発行所　株式会社 宝島社

〒102-8388　東京都千代田区一番町25番地

電話：営業 03(3234)4621／編集 03(3239)0927

https://tkj.jp

印刷・製本　中央精版印刷株式会社

Printed in Japan

First published 2018 by Takarajimasha, Inc.

ISBN 978-4-299-04599-7